Vivir en Esperanza

Vivir en ESPERANZA

David Pawson

Anchor Recordings

Copyright © 2021 David Pawson Ministry CIO

Originalmente publicado en inglés con el título:
Living in Hope

El derecho de David Pawson a ser identificado
como el autor de esta obra ha
sido afirmado por él de acuerdo con la
Ley de Copyright, Diseños y Patentes de 1988.

Traducido por Alejandro Field

Esta traducción internacional en español se publica
por primera vez en Gran Bretaña en 2021 por
Anchor, que es el nombre comercial de David Pawson
Publishing Ltd
Synegis House, 21 Crockhamwell Road,
Woodley, Reading RG5 3LE

Ninguna parte de esta publicación podrá ser reproducida o
transmitida de ninguna forma o por ningún medio, electrónico
o mecánico, incluyendo fotocopia, grabación o ningún sistema
de almacenamiento o recuperación de información,
sin el permiso previo por escrito del editor.

Las citas bíblicas son tomadas de La Santa Biblia,
Nueva Versión Internacional®.NVI® Propiedad literaria
© 1999 por Biblica, Inc. Usado con permiso.

**Si desea más de las enseñanzas de David Pawson,
incluyendo DVD y CD, vaya a
www.davidpawson.com**

**PARA DESCARGAS GRATUITAS
www.davidpawson.org**

**Si desea más información, envíe un e-mail a
info@davidpawsonministry.org**

ISBN 978-1-909886-97-1

Impreso por Ingram

Índice

Prólogo 7

Las señales de su venida 9
(Mateo 24)

La separación en su venida 33
(Mateo 25)

Epílogo 61

Prólogo

Este libro está basado en una serie de charlas. Al tener su origen en la palabra hablada, muchos lectores encontrarán que su estilo es algo diferente de mi estilo habitual de escritura. Se espera que esto no afecte la sustancia de la enseñanza bíblica que se encuentra aquí.

Como siempre, pido al lector que compare todo lo que digo o escribo con lo que está escrito en la Biblia y, si encuentra en cualquier punto un conflicto, que siempre confíe en la clara enseñanza de las escrituras.

David Pawson

Las señales de su venida
(Mateo 24)

Entre la fe, la esperanza y el amor, el más grande es el amor, pero la más rara es la esperanza. Los cristianos debemos ser una comunidad de amor, aun cuando vivimos en un mundo donde hay odio, sospecha, fragmentación y relaciones rotas. Debemos ser una comunidad de fe. También somos llamados a ser una comunidad de esperanza en un mundo lleno de cinismo, pesimismo y desesperanza, un mundo que está lleno de agnósticos, ateos, animistas, politeístas y el resto.

La palabra bíblica "esperanza" no significa ilusión. Si yo dijera "espero que no llueva mañana", sería pura ilusión, especialmente en el clima de Inglaterra. La esperanza cristiana tiene un significado mucho más fuerte. Si el símbolo de la fe cristiana es una cruz, entonces el símbolo de la esperanza cristiana es un ancla. Vamos a necesitar mucha esperanza en los días por venir, ya que un espíritu pesimista va a atravesar toda esta nación, y el pueblo de Dios ha sido llamado a ser personas de esperanza que saben hacia dónde van, que saben cómo va a terminar todo y que mantienen la calma cuando el resto del mundo está desconcertado.

En Mateo capítulos 24 y 25, Jesús trató de ministrar esperanza a sus discípulos al hablarles acerca del futuro. Mateo 25 nos dice cómo entenderlo en la práctica, que es muy importante, pero primero necesitamos poner los cimientos. Se necesita equilibrio en la enseñanza cristiana entre lo objetivo y lo subjetivo. Me refiero a que algunas verdades existen, sea que las creamos o no. Son objetivamente ciertas, cosas que mi fe, esperanza y amor no alterarán, y que también mi falta de fe, esperanza y amor no alterarán. Necesitamos el fundamento sólido de estas verdades objetivas: lo que es verdad, sea que lo creamos o no. Solamente sobre ese fundamento podremos comenzar a desarrollar la aplicación práctica. Encontrará que la mayoría de las epístolas del Nuevo Testamento están basadas en ese patrón. La primera mitad es verdad objetiva, que es verdad sea que la creamos o no. La segunda mitad tiene que ver con ponerlo en práctica, porque Dios lo ha introducido. Los primeros tres capítulos de Efesios, por ejemplo, plantean verdad objetiva que no podemos hacer nada para alterar. Si vamos directamente a la segunda mitad, la aplicación subjetiva de la verdad, nos quedamos envueltos en nosotros mismos, excavando en un lado y otro, poniendo el termómetro y sacándolo para ver cómo estamos. Esa clase de introspección puede convertirse en una barrera para lo que Dios quiere hacer en el mundo.

Considere este pasaje:

¡Jerusalén, Jerusalén, que matas a los profetas y apedreas a los que se te envían! ¡Cuántas veces quise reunir a tus hijos, como reúne la gallina a sus pollitos debajo de sus alas, pero no quisiste! Pues bien, la casa de ustedes va a quedar abandonada. Y les advierto que ya no volverán a verme hasta que digan: "¡Bendito el que viene en el nombre del Señor!".

Jesús salió del templo y, mientras caminaba, se le acercaron sus discípulos y le mostraron los edificios del templo. Pero él les dijo: —¿Ven todo esto? Les aseguro que no quedará piedra sobre piedra, pues todo será derribado.

Más tarde estaba Jesús sentado en el monte de los Olivos, cuando llegaron los discípulos y le preguntaron en privado: —¿Cuándo sucederá eso, y cuál será la señal de tu venida y del fin del mundo?

—Tengan cuidado de que nadie los engañe —les

advirtió Jesús—. Vendrán muchos que, usando mi nombre, dirán: "Yo soy el Cristo", y engañarán a muchos. Ustedes oirán de guerras y de rumores de guerras, pero procuren no alarmarse. Es necesario que eso suceda, pero no será todavía el fin. Se levantará nación contra nación, y reino contra reino. Habrá hambres y terremotos por todas partes. Todo esto será apenas el comienzo de los dolores.

Entonces los entregarán a ustedes para que los persigan y los maten, y los odiarán todas las naciones por causa de mi nombre. En aquel tiempo muchos se apartarán de la fe; unos a otros se traicionarán y se odiarán; y surgirá un gran número de falsos profetas que engañarán a muchos. Habrá tanta maldad que el amor de muchos se enfriará, pero el que se mantenga firme hasta el fin será salvo. Y este evangelio del reino se predicará en todo el mundo como testimonio a todas las naciones, y entonces vendrá el fin.

Así que cuando vean en el lugar santo "el horrible sacrilegio", del que habló el profeta Daniel (el que lee, que lo entienda), los que estén en Judea huyan a las montañas. El que esté en la azotea no baje a llevarse nada de su casa. Y el que esté en el campo no regrese para buscar su capa. ¡Qué terrible será en aquellos días para las que estén embarazadas o amamantando! Oren para que su huida no suceda en invierno ni en sábado. Porque habrá una gran tribulación, como no la ha habido desde el principio del mundo hasta ahora, ni la habrá jamás. Si no se acortaran esos días, nadie sobreviviría, pero por causa de los elegidos se acortarán. Entonces, si alguien les dice a ustedes: "¡Miren, aquí está el Cristo!" o "¡Allí está!", no lo crean. Porque surgirán falsos Cristos y falsos profetas que harán grandes señales y milagros para engañar, de ser posible, aun a los elegidos. Fíjense que se lo he dicho a ustedes de antemano.

Por eso, si les dicen: "¡Miren que está en el desierto!", no salgan; o: "¡Miren que está en la casa!", no lo crean. Porque así como el relámpago que sale del oriente se ve hasta en el occidente, así será la venida del Hijo del hombre. Donde esté el cadáver, allí se reunirán los buitres.

Inmediatamente después de la tribulación de aquellos días, se oscurecerá el sol
y no brillará más la luna;
las estrellas caerán del cielo
y los cuerpos celestes serán sacudidos.

La señal del Hijo del hombre aparecerá en el cielo, y se angustiarán todas las razas de la tierra. Verán al Hijo del hombre venir sobre las nubes del cielo con poder y gran gloria. Y al sonido de la gran trompeta mandará a sus ángeles, y reunirán de los cuatro vientos a los elegidos, de un extremo al otro del cielo.

Aprendan de la higuera esta lección: Tan pronto como se ponen tiernas sus ramas y brotan sus hojas, ustedes saben que el verano está cerca. Igualmente, cuando vean todas estas cosas, sepan que el tiempo está cerca, a las puertas. Les aseguro que no pasará esta generación [nota del autor: mi traducción de esta palabra es "raza", ver abajo] *hasta que todas estas cosas sucedan. El cielo y la tierra pasarán, pero mis palabras jamás pasarán.*

Pero, en cuanto al día y la hora, nadie lo sabe, ni siquiera los ángeles en el cielo, ni el Hijo, sino solo el Padre. La venida del Hijo del hombre será como en tiempos de Noé. Porque en los días antes del diluvio comían, bebían y se casaban y daban en casamiento, hasta el día en que Noé entró en el arca; y no supieron nada de lo que sucedería hasta que llegó el diluvio y se los llevó a todos. Así será en la venida del Hijo del hombre. Estarán dos hombres en el campo: uno será llevado y el otro será dejado. Dos mujeres estarán moliendo: una será llevada y la otra será dejada.

Por lo tanto, manténganse despiertos, porque no saben qué día vendrá su Señor. Pero entiendan esto: Si un dueño de casa supiera a qué hora de la noche va a llegar el ladrón, se mantendría despierto para no dejarlo forzar la entrada. Por eso también ustedes deben estar preparados, porque el Hijo del hombre vendrá cuando menos lo esperen.

¿Quién es el siervo fiel y prudente a quien su señor ha dejado encargado de los sirvientes para darles la comida a su debido tiempo? Dichoso el siervo cuando su señor, al regresar, lo encuentra cumpliendo con su deber. Les aseguro que lo pondrá a cargo de todos sus bienes. Pero ¿qué tal si ese siervo malo se pone a pensar: "Mi señor se está demorando", y luego comienza a golpear a sus compañeros, y a comer y beber con los borrachos? El día en que el siervo menos lo espere y a la hora menos pensada, el señor volverá. Lo castigará severamente y le impondrá la condena que reciben los hipócritas. Y habrá llanto y rechinar de dientes.

Mateo 23:37 24:51

Encuentro que la gente tiene una especie de doble actitud hacia el futuro. Tiene temor y fascinación por el tema. Quieren saber lo va a pasar, pero al mismo tiempo no quieren saberlo. Déjeme ilustrarlo. Supongamos que yo tuviera un gran don de profecía y supiera la fecha de su muerte y usted pudiera preguntarme la fecha y yo se la pudiera revelar. ¿Querría saber? Aun si ocurriera en muchos años, ¿quisiera saber realmente, para poderla celebrarla junto con su cumpleaños? Las estadísticas nos dicen que en un típico pueblo inglés alrededor de siete de cada diez mujeres y seis de cada diez hombres leen su horóscopo todos los días. Los escritores de horóscopos y videntes se irían a la quiebra si no dieran más buenas noticias que malas, porque las personas buscan seguridad; quieren saber que la vida se mejorará y no empeorará. Estaba en los Campos Elíseos en París y vi una fila de hombres y mujeres franceses bien vestidos y aparentemente educados afuera de una tienda donde había una computadora gigante. Ingresaban unos cinco euros junto la fecha, lugar y hora de su nacimiento. Después, la impresora sacó 31 hojas, ¡el horóscopo del siguiente mes para predecir su futuro! Y *Old Moore's Almanack* sigue siendo uno de los almanaques astrológicos de mayor venta.

Después están los grupos de expertos y los profesores de futurología. El Instituto Tecnológico de Massachusetts constantemente calcula para nosotros el fin del mundo, diciéndonos cuando el petróleo se va a acabar y cuando el crecimiento de la población producirá una hambruna a escala mundial.

Si realmente hay una doble actitud hacia el futuro en nuestra sociedad actual —una atmósfera en la cual la gente quiere saber qué va a pasar, pero al mismo tiempo y, en otro nivel, no quiere saber en realidad—, es allí donde el pueblo de Dios puede aparecer en escena, quienes hemos esperado primero en Cristo.

A mí me sorprende que quienes realmente quieren saber lo que el futuro tiene preparado no se ponen a estudiar la Biblia en profundidad. Su historial predictivo es extraordinario. ¿Sabía usted que 24% de los versículos en la Biblia contienen una predicción acerca del futuro? La predicción es un elemento vital en lo profético, y el pueblo profético de Dios debe preocuparse por el futuro. Aquí hay algunos números que podrían impactarlo. En total, se predicen 737 sucesos diferentes en la Biblia. No conozco otra publicación que se haya atrevido a hacer tantas predicciones. Algunas aparecen hasta 300 veces, así que puede hacer un cálculo. De las 737 predicciones, 596 (apenas superior al 80%) ya han sucedido, al pie de la letra. Algunas son tan extraordinarias que estadísticamente nunca tendrían que haber ocurrido. ¿Significa que la Biblia es 80% correcta? No, es 100% precisa, porque todo lo que podría haber pasado hasta hoy ha pasado.

La mayoría del resto de las predicciones tienen que ver con el fin del mundo, y cuando el fin del mundo suceda, ¡encontrará que la Biblia era precisa con respecto a estas también! Hay menos de veinte cosas que se predice sucederán antes de que el Señor Jesús regrese al planeta Tierra. (A propósito, este es uno de los eventos que se predice 300 veces, así que parece ser algo importante para nuestra esperanza).

Me preocupa que los cristianos, que deberían ser los que tienen una visión clara del futuro, que saben lo que va a pasar, están en muy confundidos. De hecho, muchos están tan confundidos que han dejado de pensar en el futuro y simplemente dicen: "Seguiré con el presente, que es más importante", y se pierden la dimensión vital de la esperanza. Tal vez sean fuertes en la fe y el amor, pero son débiles en la esperanza. Dios quiere que seamos personas proféticas tridimensionales.

La renuencia entre los cristianos para involucrarse en esto se debe en parte a muchas ideas raras y extraordinarias que nos han metido a través de libros, películas y canciones. Algunos cristianos crecieron con gráficos presentados como la última palabra. ¡Qué vulnerables somos al engaño! La preocupación del Señor era que nunca fuéramos engañados y entendiéramos las cosas mal. Él sabía que seríamos engañados. Uno de los principios que estableció para impedir que tuviéramos ideas equivocadas es: "No confíen en sus oídos. Confíen en sus ojos, porque el engaño vendrá por los oídos". Con relación al futuro, manténganse alerta, mantenga sus ojos abiertos. Si usted escucha todo lo que le digan acerca de la segunda venida, va a terminar en confusión. Simplemente mantenga sus ojos abiertos. Ese es el principio de Jesús. Luego nos dijo clara y específicamente a qué cosas debemos estar alerta. Cuando vea estas cosas, bien, sabrá qué hora es en el reloj de Dios. Él nos advirtió acerca de escuchar a otras personas. Por lo tanto, esté alerta.

Le daré una ilustración del tipo de información engañosa que puede venir a través de los oídos. Es lo que considero como una profecía falsa, que pudo haber empezado en un lugar llamado Port Glasgow, en Escocia. por una mujer llamada Margaret Macdonald. Ella dio una profecía de que *antes* de que la gran aflicción golpee este mundo —y la Biblia dice que viene una gran aflicción—, los cristianos desaparecerían y se librarían de ella. El término técnico utilizado fue "raptados". Esa idea vino de Port Glasgow. Nunca había sido escuchada antes, y nadie la había encontrado en la Biblia antes. Esta idea fue transmitida a una mansión en Albury, en las afueras de Guildford, a una milla y media de donde solía vivir yo. En la biblioteca de esa mansión, se realizó una conferencia profética, a la cual asistió un hombre llamado J. N. Darby, quien tomó esa idea. Desde allí siguió y cruzó el Atlántico, a un hombre llamado Scofield. Ahora ha regresado a través del Atlántico con fuerza y se puede encontrar en escritos de autores como Hal Lindsey y otros. Muchos cristianos están leyendo y escuchando sobre esto y confundiéndose.

Ahora le voy a mostrar lo que Jesús dijo acerca de todo esto, para que no esté confundido, no sea engañado, y para que sepa a qué estar atento, confíe en sus ojos y no en sus oídos, y vea cuál es la hora en el reloj de Dios. También lo menciono porque por muchos años, especialmente en círculos donde el Espíritu Santo ha estado renovando personas, hemos visto que surgen toda clase de especulaciones cada tanto. Allá en 1982 algunas personas hablaban de que los planetas se estaban alineando. Algunas personas escucharon acerca de esto y recibí cartas de personas preguntándome qué pensaba del fenómeno. Dije: "Muy interesante. Ha ocurrido cada 179 años hasta ahora, ¡y una vez mas no hará mucha diferencia!". Ese suceso apareció y se fue sin ningún efecto, pero muchos del pueblo de Dios estuvieron perturbados. En la Biblia no hay nada sobre la alineación de los planetas. No tiene ninguna importancia.

Luego están quienes nos dicen, por ejemplo, que Jesús podría venir esta noche y usted podría despertarse en la mañana y su familia habría desaparecido. Note que los apóstoles nunca usaron "evangelización de presión" de este tipo. No es bíblico.

Así que, en esta vorágine de opiniones confusas, los cristianos están diciendo: "Bueno, olvidémonos de la segunda venida. Sigamos construyendo la iglesia ahora simplemente". Creo que esa es una gran pérdida. En respuesta a todas estos puntos de vista diferentes, lo mejor es buscar la perspectiva correcta, no retirarse de la discusión. El principio en mi propia vida, mi propio estudio, es este: **empezar con lo que Jesús dijo.**

Empiezo con el bosquejo de Jesús sobre el futuro en su enseñanza. No empiezo en ningún otro lugar, porque él es la verdad. Entonces encuentro una claridad y simplicidad que muchos cristianos, en su confusión, parecen no encontrar. Jesús quería que supiéramos. A mí me encanta la manera en que Jesús nos dice a nosotros, sus discípulos "si no fuera así, ya se lo habría dicho a ustedes". En este capítulo, también dice: "les he dicho esto ahora, antes de que suceda, para que cuando suceda, crean". Él no quería que estuviéramos en confusión acerca del futuro. Quería que tuviéramos claridad para que supiéramos y no nos perturbáramos, no entremos en pánico y no anduviéramos a las corridas de aquí para allá y perdiéramos el equilibrio.

Jesús es esa clase de persona. Quiere decirnos las cosas que necesitamos saber. Cité la última parte de Mateo 23 por esta razón. Su trasfondo es su agonía sobre Jerusalén, cuando lloró y dijo: "Jerusalén, Jerusalén, ¡cuántas veces quise reunirte como la gallina reúne a sus pollitos!" (Las "aves", que se aplican metafóricamente a las personas de la Trinidad, a propósito, son estas: águila, nuestro Padre; paloma, el Espíritu; pero el Hijo es la "gallina". ¡Aquí hay un sermón para los predicadores! Si el Padre es como un águila en las alturas que lo ve todo abajo en la tierra, y si el Espíritu Santo es como una paloma, el ave más cercana a los seres humanos, entonces Jesús estaba hablando de sí mismo, queriendo juntar personas bajo su ala, pero ellos no estaban dispuestos.)

Después dijo: "Les advierto que ya no volverán a verme hasta que digan: '¡Bendito el que viene en el nombre del Señor!'". ¿Sabe de dónde viene esta cita? Del Salmo 118, que se canta en Jerusalén durante la fiesta de los Tabernáculos. El profeta Zacarías dijo que el Cristo vendría en la fiesta de Tabernáculos. El Mesías vendrá en la fiesta de los Tabernáculos y será Rey sobre toda la tierra. En Jerusalén, cuando celebran la venida del Rey, la venida del Mesías, cantan ese mismo versículo de Salmos 118. Jesús nos enseñó que no lo veríamos otra vez hasta que lo estemos cantando.

Debemos esperar que venga justo a tiempo. Él vino justo a tiempo en la fiesta de la Pascua. Envió a su Espíritu justo a tiempo en la fiesta de Pentecostés, pero la fiesta más grande de todas, la fiesta de Tabernáculos, aún no ha sido cumplida. La celebran en Jerusalén cada año, miles de judíos y miles de cristianos, celebrando la venida del Rey. El trasfondo es su venida, su retorno a Jerusalén, y es noticia para algunos que no regresará a Canterbury o a Roma, o a Pekín, o a Nueva York sino a Jerusalén. ¿A qué otro lugar?

Mientras salían del templo, después de que Jesús había llorado abierta y públicamente, los discípulos estaban sobrecogidos no tanto por lo que dijo sino por su entorno. Estaban mirando las piedras que el rey Herodes ya estaba usando para construir el templo. Había un programa de radio hace un tiempo acerca de los edificios del rey Herodes que están siendo excavados en Ccsarea. El rey Herodes, que no era judío, quería complacer a los judíos, y para complacerlos pensó en renovar su templo; reconstruirlo, de hecho. Todavía estaba siendo reconstruido mientras Jesús estaba vivo, a una escala que es casi inimaginable. ¡El cimiento del templo era lo suficientemente grande como para contener trece catedrales inglesas! Algunas de las piedras medían cuarenta pies de largo por cuatro pies de ancho por cuatro pies de alto y pesaban 110 toneladas. No tenían grúas, solo músculos humanos, para poner esas piedras en su lugar. Y fueron apiladas. El cimiento del templo ya medía 120 pies de alto. Las columnas del templo, talladas de un bloque de piedra, medían treinta y siete pies y seis pulgadas de alto. Tres hombres tomados de las manos apenas podían rodearlas. Este fue el regalo de Herodes a los judíos. Mientras caminaban por el templo, los discípulos no hablaban de la agonía de Jesús o sus palabras. Podemos imaginarlos diciendo: "Mira todo esto, Jesús. ¿No es magnífico, no es asombroso?". Pero Jesús dijo: "No quedará piedra sobre piedra, pues todo será derribado". Una vez fui a la esquina suroeste del área del templo, donde se han excavado las piedras del templo que fueron derribadas, y uno puede verlas. Me da escalofríos ver algo que Jesús dijo que pasaría de lo que han encontrado evidencia finalmente. No sabían dónde habían ido las piedras. Solo sabían que todo lo que había quedado era la plataforma con el Muro de los Lamentos, el borde de la plataforma, pero nada arriba. Nada quedó en esos trece acres. ¡No sabían dónde habían ido las piedras! Ahora han sido descubiertas, y uno puede ver las piedras que los romanos de alguna manera empujaron sobre el borde de la plataforma, en una pila gigantesca. Pero los discípulos no podían imaginar que algo así sucedería, excepto al fin del mundo. Así que lo llenaron de preguntas. "Jesús, ¿cuándo sucederá esto? ¿Cuál será la señal de tu venida? ¿Y el fin del mundo? Seguramente estás describiendo un desastre que solo podría pasar cuando el mundo llegue a su fin". Habían pasado por alto algo que Jesús trató de decirles, que en realidad pasaría antes de que la construcción fuera terminada. Menos de cuarenta años después, ocurrió, y las piedras fueron arrojadas abajo. Jesús no quería que sus discípulos especularan acerca del futuro. Así que les dijo qué pasaría en su regreso.

Uno de mis pasatiempos era observar trenes. Me pregunto si alguna usted tuvo este pasatiempo. Recuerdo cuando tenía seis años, en la plataforma de la Estación Central de Newcastle, viendo la llegada del primer tren de Silverlink[1]. Era en los viejos tiempos de las locomotoras de vapor. Cuando uno esperaba el arribo de un tren, había que estar atento a cuatro señales: "distancia", "lejos", "cerca" y "entrada". Cuando la señal de distancia bajaba, uno sabía que el tren estaba en la sección, dentro de las últimas millas. Cuando la señal de "lejos" bajaba, sabía que el tren estaba mucho más cerca. Cuando la señal de "cerca" bajaba, uno se preparaba, y cuando la señal de "entrada" (la última señal en la plataforma) bajaba, entonces sabía que, si miraba a lo lejos, vería el tren en tan solo un minuto. Quisiera usar esa ilustración, porque la enseñanza de Jesús nos anima a estar atentos a las cuatro señales. Si está atento a estas cuatro señales, sabrá en qué etapa nos encontramos. Usted sabrá qué tan cerca está su venida. Si mantiene los ojos abiertos, no perderá el equilibrio. Quiero mirar estas cuatro señales.

---

[1] Compañía de trenes en el Reino Unido

LAS SEÑALES DE SU VENIDA

Las señales aparecerán con un incremento de velocidad, así que la brecha entre la primera y la segunda será mucho mayor que la brecha entre la tercera y la cuarta. Hay una aceleración en este capítulo. Creo que la primera señal ya ha bajado. La primera señal se verá en el mundo. Veremos la segunda señal en la iglesia, la tercera señal en Oriente Medio, y la cuarta, en el cielo. Así que las cuatro señales están en cuatro lugares diferentes.

La señal número uno es la señal en el mundo en general, la señal de un desastre generalizado. El Señor mencionó tres de estos desastres que veremos a una escala creciente mientras estamos alerta: guerras, hambrunas y terremotos. Los terremotos son causados enteramente por causas naturales, las guerras son causadas enteramente por factores humanos y las hambrunas son una mezcla de ambos. Jesús estaba diciendo que, tanto para las causas naturales como humanas, habrá un gran incremento en desastres. Puede esperar abrir el periódico continuamente y ver otra guerra, otra hambruna, otro terremoto. El número de víctimas fatales por terremotos ha aumentado. Todos nos hemos vuelto conscientes de estas placas tectónicas sobre las cuales vivimos, frotándose una contra la otra. Ahora aceptamos esta realidad como un aspecto normal de la vida. No siempre sabemos dónde será el siguiente.

Y la guerra. Quién hubiera pensado en Gran Bretaña, antes del 09/11, que estaríamos en guerra dentro de un tiempo tan relativamente corto, y que nuestras tropas estarían dando su sangre una vez más. Jesús invitó a sus discípulos a pensar sobre los desastres venideros. Así que ¿cuál es nuestra reacción? Sabemos cuál es la reacción del mundo. El mundo dice: "Es terrible", "¿No es espantoso?" o no quiere saber y se vuelve rápidamente a la página de deportes. Pero ¿cuál es la reacción de un cristiano? La reacción de un cristiano no debería ser que es el fin del mundo. En Nueva Zelanda me preguntaba si estaría en un terremoto, pero nunca he tenido esa experiencia. Quienes han estado en un terremoto dicen que es una de las cosas más aterradoras, y su primer pensamiento es que es el fin del mundo.

De nuevo, si de repente usted se encuentra en medio de una guerra severa, bien podría pensar que es el fin del mundo. Si estuviera viviendo en Chad en un lugar seco donde no hay ni una brizna de pasto verde, y no tuviera nada para comer y nada para sus hijos, bien podría ser perdonado por pensar que es el fin del mundo. Pero Jesús enseñó que cuando veamos esta clase de desastres no es el fin del mundo. Podría ser el inicio del fin, pero no es en realidad el fin. Por lo tanto, no pierda la calma. No ande a las corridas por todos lados diciendo que es el fin del mundo. Lo que debería ver que estas cosas angustiantes son en realidad el principio de los dolores de parto.

No conozco a nadie en el mundo que los tome de esta manera fuera de los cristianos. Solo quienes esperan en Cristo podrían decir que estas cosas dolorosas son el principio de dolores de parto; ni siquiera el principio de dolores de muerte, sino dolores de parto. Esta es una manera completamente diferente de ver estos sucesos, así que puede permitirse ver los periódicos, leer acerca de los desastres y decir "dolores de parto". Como una mujer que tiene su primera contracción, los terremotos son las contracciones de una creación que está gimiendo y esperando la redención. ¿Echa una luz diferente a su periódico? Nadie podría regodearse sobre desastres que causan tanto sufrimiento. Los cristianos harán todo lo que puedan para aliviar el dolor causado por esos sufrimientos. No serían dignos del nombre de "cristianos" si hicieran lo contrario. Pero, en lo más profundo, no pierden la calma, no pierden el equilibrio. No dicen que es el fin del mundo, sino el principio de los dolores de parto.

Son las primeras "contracciones" de un universo que Dios

quiere llevar a un nuevo nacimiento. Algunos cristianos solo piensan que Dios quiere llevar a *personas* a un nuevo nacimiento. No es así. Quiere llevar *todo* a un nuevo nacimiento. Él quiere restaurar todas las cosas. Quiere una tierra nueva y un cielo nuevo. Quiere todo nuevo. Él quiere hacer *todas las cosas nuevas*. Simplemente comenzó con nosotros esta vez. En la primera vez, empezó con la tierra, los cielos y luego terminó con nosotros. En esta vez, el nuevo nacimiento se inicia con nosotros y termina con los cielos y la tierra. Nosotros esperamos en Cristo y decimos que sí, anticipamos guerras y hambrunas y terremotos, y no decimos que es el fin de todo. Decimos que es el principio de todo, los dolores de parto.

En cada etapa de las cuatro señales surge un peligro. El peligro cuando baja la señal número uno son los falsos mesías. Como la señal está en el mundo, los falsos mesías estarán en el mundo. Cuando todo está sacudiéndose y hay temblores y hambrunas y guerras por todos lados, los falsos mesías pueden hacerse una fiesta. Pueden explotar la inseguridad de la gente, y lo hacen, lo cual explica por qué estamos viendo esta clase de personas liderando sectas. Verá muchísimos más falsos "Cristos". La inseguridad que este mundo ahora ofrece significará que estos "mesías" tendrán mucha influencia. Jesús dijo que pasaría, y no me preocupa. Estoy triste por quienes han sido atrapados en estas sectas por su propia inseguridad en un mundo en el cual algunas personas están desesperadas por alguien que las cuide. Los falsos mesías son el peligro.

Note que no son un peligro para la iglesia. Solo son un peligro para el mundo. Eso es importante, porque no creo que usted escucharía ni por un minuto si yo viniera y le dijera: "Yo soy Cristo". Usted no escucharía, pero temo que la gente en las calles podría escuchar, porque están muy inseguros. Ellos no están afirmados en su propia fe. Jesús dijo: "Cuidado con los Cristos falsos. Muchos vendrán y dirán que son el Cristo".

Esta es la señal número uno, y debo decir que creo que hemos visto esta señal. La señal número dos usted la verá bajar en la iglesia. Allí es donde tiene que buscarla. ¿Cuál es? Hay tres cosas que pasarán a una escala universal dentro de la iglesia. Primero, persecución universal: será odiada por todas las naciones. Esto nunca ha sido cierto en la historia de la iglesia. Por dos mil años ha habido países en donde la iglesia ha estado bajo presión y otros en donde no, como Gran Bretaña. No hemos estado bajo presión por un largo tiempo. Pero le digo que el número de países en el mundo donde la iglesia está siendo perseguida está incrementando cada mes.

Hace algunos años vi por mí mismo lo que esto podría significar en un país africano. Ese país ahora está en una condición aún peor que entonces. Miré el mapa de África y pensé: ¿Cuántos países quedan donde la iglesia no es odiada? Muy pocos. Si usted mira en el mapa mundial y tacha todos los países en donde la iglesia está siendo perseguida tachará 9/10 del mundo en términos del número de países. Existen sólo cerca del 10% de países en el mundo en donde uno es libre de tener una celebración cristiana. ¿Sabía eso? Y el número está disminuyendo rápidamente. Jesús enseñó que cuando veamos a toda la iglesia siendo odiada, cuando la iglesia entera esté siendo perseguida, esa es la segunda señal.

Segundo, Jesús también enseñó que uno de los efectos de esto será una gran reducción en el tamaño de la iglesia. No hay nada como la presión para separar personas unas de otras. Oí una historia de Rusia décadas atrás. No puedo garantizar su autenticidad, pero la escuché de una fuente confiable. Uno siempre tiene que verificar historias que vienen de países cerrados, y en aquel tiempo Rusia estaba cerrado para Occidente. Pero quiero compartirla con usted porque contiene una verdad. Es la historia de una reunión de oración en Rusia donde dos soldados rusos abrieron las puertas de un golpe y entraron con ametralladoras. Gritaban: "Vamos a matar a los cristianos". Los cristianos pensaron que los soldados estaban ebrios pero, para su horror, rápidamente se dieron cuenta de que estaban completamente sobrios. Entonces los soldados dijeron: "Si usted no es un cristiano, salga de aquí". Unos cuantos se levantaron y huyeron. Entonces los soldados le dijeron al resto: "Ahora, ¿podrían decirnos cómo volvernos cristianos, por favor? Teníamos que asegurarnos de que tuviéramos cristianos de verdad para que no nos delataran". ¡Vaya! ¡Un poco de presión separa rápidamente a las ovejas de las cabras!

Estamos empezando a ver algo de presión en Gran Bretaña. Parte del futuro de la iglesia aquí es el sufrimiento, que es la señal, y debemos prepararnos para ello.

Leemos del tiempo cuando habrá una tremenda presión sobre la iglesia, y de la purificación que vendrá a continuación. Cuando esta presión esté sucediendo, Jesús dijo, tendrán que estar alertas a los falsos profetas. Si el peligro en el mundo son falsos mesías porque el mundo está inseguro, el peligro en la iglesia será falsos profetas, y tendremos que estar alertas a ellos. Usted sabe lo que hacen los falsos profetas. Hablan de paz, cuando no hay paz; tratan de facilitarle las cosas. Yo diría que ese es el principal efecto del profeta falso. Reduce los estándares de Dios y los acomoda a donde la gente está, y busca rebajar los estándares morales y los estándares de la fe. Trata de mantener a la gente contenta y les da una seguridad fuera de Dios. Tendremos que estar alertas a eso cuando surja la presión.

Pero la tercera característica de esta señal para mí es la más emocionante. Jesús después dice: "Y este evangelio del reino se predicará en todo el mundo como testimonio a todas las naciones". Él enseña que la presión sobre la iglesia, y su purificación posterior, lograrán que se realice la tarea, y el evangelio será predicado. Me parece emocionante. ¿A usted no? Tal vez Dios mira desde arriba a nuestros grupos y piensa: "Si pongo presión sobre ese grupo y lo hago un poco más pequeño podría alcanzar a su comunidad con ellos". Es un pensamiento aleccionador, pero esto es lo escucho de este pasaje. Jesús dice que la presión vendrá sobre la iglesia universal y, debido a esa presión, muchos dirán: "Salgamos". Pero el resto dirá: "Terminemos la tarea".

El evangelio será predicado a todas las naciones porque con el resto él tiene un cuerpo perseverante. "El que se mantenga firme hasta el fin será salvo", dice Jesús. Habrá una salvación completa en esto.

Esa es la segunda señal. No pienso que ya haya bajado, pero pienso que está bajando. ¿Usted no? Veo a la iglesia bajo una presión creciente en todas partes del mundo, y una purificación que viene y deja un grupo que puede realizar la tarea y que predicará el evangelio y evangelizará a todas las naciones. Note aquí la frase "todas las naciones": perseguidos por todas las naciones, predicando a todas las naciones. La iglesia siempre ha crecido más rápido cuando ha estado bajo presión; basta leer la historia de la iglesia. Creció más rápido en los primeros tres siglos que en muchos siglos posteriores. ¿Acaso no es emocionante escuchar que la iglesia en China ha estado creciendo en las últimas décadas? En un momento pensamos que había muerto porque no escuchábamos nada acerca de ese país. Pero bajo presión creció masivamente.

Ahora para la señal número tres. Ésta se verá en Oriente Medio. Aquí Jesús hace referencia al profeta Daniel y a una frase terrible: el horrible sacrilegio. Solo le puedo decir lo que entiendo que significa. Daniel hace referencia a esta frase tres veces y Pablo también hace referencia a ella varias veces. Lo que yo entiendo por esto es que un día, en la misma Jerusalén, el lugar donde Dios puso su nombre, en el mismo templo de Dios, allí será cometida la máxima blasfemia y obscenidad: habrá un hombre en el templo de Dios quien afirma ser Dios, el hombre de maldad.

Nada podría causar tanta ofensa a Dios o ser una causa de sufrimiento tan grande para el hombre como un hombre en Jerusalén que dice ser Dios, que dirá: "No reconozco ninguna ley sobre mí; yo hago todas las leyes de aquí en adelante". Esto casi pasó 170 años antes de Jesús, cuando un hombre llamado Antíoco Epífanes, un emperador griego, vino a Jerusalén. Entró en el templo donde el nombre santo de Dios había estado y puso en el altar una estatua de Zeus, un dios griego, y sacrificó un cerdo en el altar de Dios. Un cerdo en el altar de los judíos. Después convirtió las sacristías del templo en burdeles. Nada tan escandaloso había pasado en la historia judía y en la ciudad de Jerusalén como los actos de Antíoco Epífanes. Pablo y Jesús hablan de algo similar. Es algo tan abominable, tan blasfemo, tan obsceno, tan espantoso que Dios estará ofendido terriblemente. De ese evento vendrá tanta desolación, tanta confusión, tanto sufrimiento, tanta angustia que Jesús dice que el mundo nunca ha visto algo así antes ni lo verá otra vez.

Yo tomo eso como la "gran aflicción". Jesús dice, primero, si se permitiera que continuara demasiado tiempo, nadie sobreviviría. Pero misericordiosamente Dios ya ha dicho que será severamente limitado en cuanto al tiempo. Esa es la señal número tres. Por lo tanto, podemos alabar a Dios que aún está sobre el trono y que no dejará que continúe por mucho tiempo.

Pero Jesús dijo que el peligro durante la tercera señal serían falsos mesías y falsos profetas. Una vez que hayamos alcanzado la señal número tres, Satanás va a lanzar todo lo que tiene contra nosotros, aun con señales y maravillas. Algunas personas son engañadas por las señales y maravillas; no se dan cuenta que los milagros pueden venir de más de una fuente posible. Satanás nos arrojará todo lo que tiene. Escucharemos toda clase de rumores: Cristo viene, está por allá; Cristo viene está por acá. Habrá cristianos necios corriendo por todos lados

—tomando un autobús aquí, tomando un tren allá, volando hacia algún otro lugar— porque han escuchado un rumor. Jesús dice: "No corran a ningún lado". Él dijo que donde hay un cadáver, los buitres se juntan, y donde sea que la gente esté alarmada usted encontrará a Satanás y sus huestes demoníacas. Simplemente no escuche.

Quiero que note que cualquier idea de que Jesús ha regresado en secreto es incorrecta. Jesús dice: "No escuchen". De hecho, dijo: "Cuando regrese, será como un relámpago desde de un extremo al otro del cielo". Todos sabrán inmediatamente. Así que no necesita moverse. No se mueva de su ciudad. Quédese ahí. Usted verá; usted sabrá. Él estará allí mismo. Solo la gente que entra en pánico es engañada por las señales y maravillas que el diablo produce, y por falsos profetas y falsos mesías, quienes empiezan a correr por todos lados diciendo: "Ha ocurrido, ha venido otra vez, ha venido otra vez". Jesús nos dijo que no los escucháramos.

Solo hay un grupo al que dijo que debía correr: el grupo que vive en los alrededores inmediatos de Jerusalén. Este es el único grupo que tiene que moverse. Cuando estuve en Jerusalén, reuní a todos los líderes cristianos y les rogué que prestaran atención a esto. Dije: "Si aún están vivos y están cerca de esta ciudad cuando esto suceda, no empaquen, no hagan nada; corran. Porque estarán precisamente a la puerta de este hombre malvado, horrendo e inmundo que afirma ser Dios. Y cualquiera del pueblo de Dios que esté al alcance de su brazo no sobrevivirá, así que les conviene correr". Ese el único movimiento que tiene que haber. Cualquiera que sea del pueblo de Dios y que esté en Jerusalén —tal vez sea un turista en ese momento— corra. Jesús dijo: "Oren por esto. Oren para que no sea invierno cuando sea frío para esconderse afuera en las colinas. Oren para que no sea el día de reposo, porque no habrá ningún transporte". De hecho, será muy difícil salir de esa zona si es en el invierno o en el día de reposo, especialmente para las mujeres embarazadas y madres lactantes. ¿Cómo se las podrán arreglar?

Jesús dijo que les estaba diciendo a sus discípulos de antemano. Él quería que ellos supieran. Esa señal todavía no ha caído, pero ¿puede verla venir? Yo sí. Parece la cosa más posible en el mundo que ocurra esto, que un hombre en Oriente Medio diga: "Yo soy Dios. De ahora en adelante yo hago las reglas". Él comete esa blasfemia última, esa abominación, en la misma ciudad de Dios.

Pasemos a la señal número cuatro. Después de ver la señal número tres, empiece a mirar al cielo por la señal número cuatro. Me emociona esto. La cuarta señal es que inmediatamente después de toda esa aflicción, que será de duración limitada, Dios apagará toda luz en el universo. Puedo recordar la primera vez que me llevaron a una pantomima y entré en el teatro. Todos estábamos emocionados. Una por una las luces se fueron apagando hasta que nos encontramos sentados en la oscuridad. Yo tenía una gran sensación de expectación porque sabía que la próxima cosa sería un resplandor de luz frente de mí y el espectáculo comenzaría. Será así. La última señal es que el sol se apagará, la luna se apagará, las estrellas se apagarán. Toda luz natural en el universo será apagada. De pronto, como un relámpago, de una punta del cielo a la otra, escucharemos un ruido tremendo.

A algunas personas no les gusta el ruido. Piensan que la religión debe ser callada y solemne. Tendrán problemas ese día, porque 1 Tesalonicenses 4:16 es el versículo más ruidoso de la Biblia. Hay un arcángel gritando con todas sus fuerzas. Hay una trompeta sonando. Es lo suficientemente fuerte como para levantar a los muertos, un día terriblemente ruidoso. Usted podrá prepararse para su primer viaje gratis a Tierra Santa. Entonces los ángeles vendrán y reunirán a los santos.

Note dos cosas. Hasta aquí, dos cosas no han pasado que

algunos cristianos me han dicho que debían haber pasado. Número uno, Cristo todavía no ha venido; ni en secreto, o en ni una otra forma. Y número dos, los cristianos aún no se han ido. Creo que tendríamos que haber escuchado de los labios de Jesús si había planeado venir en secreto, o que los cristianos se irían en secreto, pero él no nos enseñó ninguna de esas cosas. Él nos dijo las cuatro señales y ¿sabe cuál es el gran peligro cuando la cuarta señal caiga si el peligro de la primera señal era falsos mesías? Si el peligro de la segunda era falsos profetas y el peligro de la tercera era falsos mesías y profetas, ¿cuál es el peligro de la cuarta? Absolutamente nada. ¿Por qué no? Porque el próximo evento que sucederá es que Jesús ha regresado. Por eso no hay tiempo para preocuparse de falsos mesías o falsos profetas. El profeta habrá venido; el Mesías habrá venido. Y la cuarta es muy rápida. Entonces, cuando usted vea ese relámpago, y cuando las luces se apaguen, ¡solo prepárese para el despegue!

Mi abuelo está sepultado en un cementerio en Newcastle upon Tyne. En su tumba hay dos palabras. No son de la Biblia (en realidad, son de un himnario metodista que descubrí) pero están en su tumba. La gente se rasca la cabeza y se pregunta qué hombre raro está sepultado debajo de esa lápida porque, después de los detalles de su edad y sus nombres, la inscripción solo dice "¡Qué reunió!" ¡Esa sí será una celebración! No hay estadio en el mundo que podría albergarla. Tendrá que ser en el aire, para que todos puedan entrar, y será lo suficientemente ruidoso como para levantar a los muertos, que llegarán allí primero. **Ese es el centro de la esperanza cristiana. Ese es el corazón mismo de nuestra esperanza para el futuro.**

Hay muchas otras cosas que esperamos, y esto no significa que las deseemos; más bien, significa que las esperamos en el futuro. Pero el corazón es que el Señor Jesucristo va a regresar al planeta Tierra. Ese es el corazón, porque sabemos que no podemos completa o finalmente establecer el reino sin el Rey. Inglaterra fue una mancomunidad por un período de su historia, bajo Oliver Cromwell. Pero algunos sentían que debía ser un reino, y para que eso pasara tenían que traer al rey de vuelta. Carlos II tuvo que regresar. No se puede tener un reino sin un rey.

El corazón de nuestra esperanza es que el Rey vuelve. Por lo tanto, no oramos una oración falsa cuando decimos "venga tu reino, hágase tu voluntad en la tierra como en el cielo". Es una oración que será contestada, porque el Rey viene. Y Jesús enseñó que cuando vea todas estas cosas, usted sabe que él está al otro lado de la puerta. Será como cuando ve la higuera y a sus hojas empezando a florecer y las ramitas poniéndose más tiernas. Sabe que el verano está a la vuelta de la esquina. ¿Notó qué rápido viene, una vez que aparecen los brotes? Se encuentra en el verano antes cuando menos lo piensa. Jesús dijo: "Cuando vean todas estas cosas", lo cual significa cuando vean todas estas señales bajar. No espero que Jesús regrese esta noche porque estas cuatro señales no han bajado, y voy a confiar en mis ojos y no en mis oídos. Por lo tanto, no voy a entrar en pánico y pensar que mañana me voy a despertar y encontrarme con que otros alrededor mío se han ido. Ni voy a pensar que me habré ido y todos estarán aquí. Ese es frecuentemente el otro lado de esa clase de mentalidad. Pero estoy alerta a esas señales, y mi esperanza más preciosa es que sucedan durante mi vida, y que aparezcan mientras aún estoy en la tierra. ¡Significará que ningún enterrador tocará este cuerpo mío ni tomará medidas para un cajón! Esa es la esperanza de cada generación.

La separación en su venida
(Mateo 25)

Pero supongamos que no suceda durante mi vida. Supongamos que falte mucho tiempo. ¿Cómo me adecuo a eso? Hasta aquí hemos estado considerando conocimiento objetivo, y no hemos pensado acerca de cómo debemos aplicarlo prácticamente. Hemos tenido que poner esta clase de fundamento primero.

Necesitamos saber cuáles son las señales. ("Señal" y "signo" son la misma palabra.) ¿Cuál es la señal de la segunda venida y del fin del mundo? ¿Cómo sabremos cuando esté cerca? Jesús está al otro lado de la puerta. Dijo que hay dos cosas que no pasarán, y usted puede confiar en ellas como prueba de que estas cosas van a suceder. Una es que "esta generación no pasará". Pero no se refería a ese grupo particular de judíos que estaban vivos en ese tiempo. La palabra significa "especie" o "raza", así que sus palabras querían decir que los judíos no desaparecerían antes de que estas cosas sucedan. Está claro para mí que una de las pruebas de que lo que Jesús dijo sobre el futuro es verdad es que dijo que los judíos todavía estarían aquí cuando ocurriera. Y allí están, de vuelta en su propio país, en su propia tierra, de vuelta en Jerusalén, que ya no es pisoteada por gentiles. Esa es una de las pruebas por las que yo sé que sucederá.

La segunda cosa es que dijo: "mis palabras no pasarán". En el último día de la historia usted todavía podrá acceder a una Biblia. Otros libros podrán desaparecer. Las palabras de otros hombres desaparecerán, pero las palabras de Jesús jamás pasarán. Tomándonos del hecho de que ellos son el pueblo de Dios, Israel nunca pasará, y las palabras de Dios a través de Jesús nunca pasarán. Así que puedo enfrentar el futuro y leer mi periódico sin entrar en pánico, y decir: "¡Aleluya! Son los dolores de parto. Son las contracciones de un universo que traerán un cielo y una tierra completamente nuevos, para que personas nacidas de nuevo con cuerpos nuevos vivan en ellos". ¡Me emociona muchísimo!

Permítame intentar resumir en unas cuantas oraciones la primera parte de Mateo 24. Empezó cuando los discípulos preguntaron a Jesús sobre el templo asombroso que Herodes estaba en proceso de construir en Jerusalén. Jesús dijo que cada piedra sería derribada. Ahora, ellos estaban seguros de que ningún desastre lograría eso, excepto el fin del mundo, el fin de los tiempos y el regreso del Mesías. Así que le preguntaron específicamente cuando pasaría todo esto, y cuáles serían los signos o señales del final de esta era, este período de la historia. Estaban un poco confundidos, porque no se habían dado cuenta de que el templo caería mucho antes del fin de los tiempos, pero Jesús respondió dándoles cuatro señales que ya vimos que marcarán su venida, cuatro señales de que el fin de la era estaría cerca. Entender estas cuatro señales lo ayudará a reconocer cuándo el Señor Jesús regresará. Debemos estar alerta a las señales, y estas son las cuatro señales que él nos dio. Hay una secuencia clara entre ellas, y hay una velocidad clara en cuanto a las señales: se aceleran. La tercera viene aún más rápido que la segunda, y la cuarta es casi instantánea. Recordemos las cuatro señales. La primera se verá en el mundo, la segunda se verá en la iglesia, la tercera en Oriente Medio y la cuarta en el cielo. Así que sabemos en qué dirección mirar para las señales. La primera señal en el mundo fue la señal de desastres: guerras, terremotos, hambrunas. Recordamos que Jesús enseñó que estas cosas no eran el fin del mundo, sino solo el principio de dolores de parto de un mundo nuevo.

La segunda señal en la iglesia, recordará, era que habría persecución universal, un abandono de la fe, una depuración de la membresía de la iglesia por el sufrimiento que vendrá sobre la iglesia en toda nación y al mismo tiempo una evangelización mundial. Aun cuando la presión vendrá sobre la iglesia en cada país y la iglesia será reducida en número por la presión sobre ella, la iglesia aun así logrará más efectivamente la evangelización del mundo. Como ya notamos, es algo que siempre se ha cumplido. Cuando la iglesia está bajo presión elimina a los pasajeros del tren del evangelio, y deja solo la tripulación, y ellos continúan con el trabajo. La señal número tres era algo espantoso que sucede en Jerusalén, la blasfemia máxima, un hombre erigiéndose como Dios en el lugar mismo donde Dios pone su nombre, causando tantos conflictos, problemas y aflicción mundial que Jesús aconseja a todos los que estén cerca salir de Judea y correr a las colinas tan rápido como puedan. Una crisis en Oriente Medio, entonces, cuando un hombre se erige como Dios. Si conoce la Biblia, sabrá que esto se refiere al Anticristo, y la aflicción como es la Gran Aflicción o la Gran Tribulación. Notemos que los cristianos no se han ido, ni tampoco Cristo ha venido.

La señal número cuatro, en el cielo, era que el sol se apagará, la luna se apagará, las estrellas se apagarán, sumergiendo al mundo entero en oscuridad, así como las luces de un teatro se apagan antes de que se suba el telón, despejando el camino para una venida del Hijo del Hombre tan gloriosa que no habrá necesidad de alguna otra luz. Será como un relámpago de este a oeste. Esas son las cuatro señales, y Jesús dijo a sus discípulos que cuando vieran todas estas cosas, sabrían que está a la puerta, a punto de entrar nuevamente en la historia.

Esa es la enseñanza clara de Jesús; en realidad no puedo imaginarme cómo muchos cristianos se han confundido tanto acerca de esto. Nada podría estar más claro: 1, 2, 3, 4, y cuando vea las cuatro, sabrá que el momento ha llegado. Cuando vea que todas las luces en el cielo se apagan, solo alce la cabeza, su día de redención ha llegado. Él está a la puerta misma. Solo prepárese para gritar: "¡Aleluya!", y partirá. Es aquí que dos hombres que han trabajado lado a lado en la fábrica se despedirán, y uno se irá y el otro se quedará. Y dos mujeres que han trabajado en la misma cocina serán separadas para siempre, y una se irá y la otra se quedará.

Alguien me preguntó: "¿Usted cree en el rapto?". Por supuesto que sí, solo que creo que vendrá cuando Jesús dijo que vendría. Creo que habrá una separación, y una cosecha de los elegidos. Ahí es cuando Jesús dijo que sucedería: después de la última señal enviará a sus ángeles a recoger a los elegidos. Nada podría estar más claro, así que nunca se confunda acerca de esto.

Ahora llegamos al pasaje que parece decir lo contrario, y es aquí donde la confusión pudo haber surgido. Habiendo dicho "Cuando vean todas estas cosas, sabrán", dice después: "pero ustedes no saben, ni tampoco yo sé. Y los ángeles no saben. De hecho, nadie sabe excepto el Padre, y él lo está guardando como un secreto". Lo cual para mí es emocionante en este sentido: Dios, mi Padre, ya tiene la fecha en su agenda para la venida de Jesús. Ya está todo arreglado, está en el calendario, pero nadie más lo sabe. Por esta razón, siempre debe ser receloso de quienes tratan de poner fecha a la venida del Señor. Martín Lutero lo hizo, y claramente estaba equivocado. John Wesley lo hizo, y estaba equivocado. Se sorprendería de cuántos grandes líderes cristianos han caído en la trampa de decir que será tal y tal año. Hay sectas que han caído también en la trampa. Encontrará que los Testigos de Jehová, los Adventistas del Séptimo Día, y otros, han caído en la trampa de ponerle fecha al regreso del Señor. Pero Jesús dijo que nadie lo sabe.

Quiero escribir un libro sobre la honestidad de Jesús,

porque creo que su pura honestidad es un aspecto de su carácter que ha sido ignorado grandemente. Cinco veces en este pasaje del Evangelio de Mateo vemos exactamente eso. Jesús dice: "Les digo la verdad". Una de sus palabras favoritas era "Amén". Acostumbraba empezar, no terminar, sus frases con "Amén". Empezaba diciendo: "Amén, Amén les digo"; "ciertamente, ciertamente"; "verdaderamente, verdaderamente les digo". Era un hombre que hablaba la verdad a tal grado que podía decir: "Yo soy la verdad". Por lo tanto, cuando no sabía algo, era lo suficientemente honesto como para admitirlo. Aquí tiene un buen ejemplo. Él no sabía la fecha de su regreso. Estaba diciendo a sus discípulos que podía decirles *qué* buscar, pero no *cuándo*. Eso es honestidad. A todo seguidor de Jesús le corresponde ser igual de honesto. No hay criatura que le pueda decir cuándo, pero podemos decir qué acontecerá.

No obstante, eso no resuelve el problema, porque ahora Jesús parece estar diciendo que será totalmente inesperado, será como un ladrón en la noche, y esta es una de sus frases favoritas. También es usada por Pedro, es usada por Pablo, y es usada por Juan, y en todo el resto del Nuevo Testamento. Ellos aprendieron esto, que cuando el Señor venga, vendrá como ladrón en la noche, y eso ha llevado a muchas personas a decir que seguramente será totalmente inesperado, seguramente no tendremos ninguna advertencia.

Hay dos cosas en cuanto a la llegada de un ladrón. La primera es que obviamente trata de venir en secreto, y trata de venir sigilosamente. Un ladrón trata de pasar desapercibido. Pero la segunda parte es que viene a robar. No solo trata de venir sigilosamente, sino que también viene a robar. Ahora, ¿usted piensa que Jesús viene a su iglesia a robarla? ¡Jamás! Por lo tanto, nos planteamos la pregunta si Jesús viene a nosotros como un ladrón. Y veremos que la enseñanza del Nuevo Testamento es perfectamente clara: para quienes están listos, no vendrá como un ladrón en la noche, tampoco sigilosamente, ni tampoco a robar. Pero para quienes no están listos, será totalmente inesperado, y será una pérdida segura. ¿Me sigue? El gran error ha sido aplicar el concepto de ladrón a los cristianos. Déjeme ir un poco más profundo en esto. La tensión entre "ustedes sabrán cuando yo vengo" y "ustedes no saben cuándo vengo" se resuelve erróneamente diciendo "esto significa que hay dos venidas": debe venir en secreto la primera vez y abiertamente la segunda, con un espacio de por medio. Esa no es la forma en que el Nuevo Testamento resuelve la tensión. Entonces, ¿cuál es la respuesta a esta tensión en la que Jesús en un minuto dice, "cuando vean estas señales, sabrán" y al siguiente minuto dice, "pero ustedes no saben"? ¿Cómo la resolvemos? Solo hay una forma de resolverla apropiadamente, y es la forma bíblica. "Cuando lo sepa, será muy tarde para prepararse". Esta es la única forma en que puede resolver esta tensión, pero es la forma correcta. En otras palabras, para cuando haya visto todas las señales y sepa de seguro que él está a la puerta, no podrá hacer nada al respecto en ese momento. El tiempo para prepararse se habrá ido.

Por eso necesitamos estar listos, porque no sabemos cuándo bajará la última señal. Es de esta manera, y no mediante alguna doctrina absurda de "dos venidas" que no puedo encontrar en ninguna parte del Nuevo Testamento, como si viniera en secreto por sus santos, y abiertamente con ellos. No encuentro eso en ningún lado. Pero lo que sí encuentro es esto: quienes no estén listos no sabrán en absoluto, así como en los días de Noé no tenían idea de lo que pasaría hasta que fueron llevados y perdieron todo. Por lo tanto, a aquellos a quienes vendrá sigilosamente, también vendrá para robar, como un ladrón en la noche. Para quienes es una sorpresa total, será una pérdida total.

Pablo enseña muy claramente en 1 Tesalonicenses 5:

"Ahora bien, hermanos, ustedes no necesitan que se les escriba acerca de tiempos y fechas, porque ya saben que el día del Señor llegará como ladrón en la noche. Cuando estén diciendo: 'Paz y seguridad', vendrá de improviso sobre ellos la destrucción, como le llegan a la mujer encinta los dolores de parto. De ninguna manera podrán escapar. Ustedes, en cambio, hermanos, no están en la oscuridad para que ese día los sorprenda como un ladrón. Todos ustedes son hijos de la luz y del día. No somos de la noche ni de la oscuridad. No debemos, pues, dormirnos como los demás, sino mantenernos alerta y en nuestro sano juicio. Los que duermen, de noche duermen, y los que se emborrachan, de noche se emborrachan. Nosotros que somos del día, por el contrario, estemos siempre en nuestro sano juicio, protegidos por la coraza de la fe y del amor, y por el casco de la esperanza de salvación". Así que todo el concepto de robo es una amenaza únicamente para aquellos que no están listos. Pero la enseñanza de Jesús significa que para aquellos que están listos es como un hombre al que su casa será robada, pero le llega un aviso que un ladrón viene en camino, y no solo que está en camino, sino que sabe que va a ser alrededor de la una de la mañana. Entonces, ¿qué hace? Él está listo y se asegura que no irrumpa en la casa, no sea sorprendido ni sea robado. ¿Entiende la enseñanza de Jesús aquí? Lo inesperado es solo para los que no están preparados, pero quienes estén preparados estarán alerta, y no habrá secreto, ni sorpresa ni pérdida.

Le digo que ahora hay gente viviendo en nuestras ciudades que, cuando Jesús venga otra vez, van a perder todo lo que valoran; van a perder todo el amor que han disfrutado, y será totalmente inesperado. Será como un ladrón que irrumpe. Pero esto no le debería pasar a usted, y no necesita pasarles a ellos. Con razón Jesús dijo que sería semejante a los días de Noé. Él trazó un paralelo constantemente entre lo que pasó en el tiempo de Noé y lo que pasará cuando él regrese, así que si descarta la veracidad de la historia de Noé, probablemente no aceptará la veracidad de su segunda venida. Pero ambos son sucesos históricos. Uno es pasado, el otro es futuro, pero son muy similares.

Lo que ocurrió fue esto. ¿Notó que Noé sabía lo que ocurriría, pero no sabía cuándo? Para cuando supo el momento, hubiera sido demasiado tarde para construir un arca, pero como supo lo que iba a pasar durante todo un año, simplemente se dedicó a prepararse. El Canberra fue el primer barco diseñado con las mismas proporciones que el arca de Noé. ¿Lo sabía? De hecho, desde entonces la mayoría de los barcos han copiado el diseño. El QE2 se basó en el Canberra. El Canberra fue el primer barco en tener las mismas proporciones entre manga y longitud que el arca de Noé. ¡Noé descubrió que Dios tenía el mejor diseño para barcos! ¡Fascinante! Es real.

Dios sabía que Noé y sus tres hijos podían construirlo en el tiempo que tenían, pero ellos no sabían cuánto tiempo tenían. Lo importante es que tan pronto como Noé supo que iba a pasar, se alistó inmediatamente. Luego, después de construirlo, Dios le dijo que entrara, porque en siete días vendría el diluvio. Ahora, finalmente, sabía cuándo, y no era una sorpresa, pero hubiera sido una sorpresa terrible si no hubiera hecho nada para prepararse hasta que supo *cuándo*. Él se alistó cuando supo *qué*. Espero sinceramente que me entienda en esto, porque estoy diciendo algo muy importante. Desde la primera parte de Mateo 24, está claro que si estamos alerta a las señales sabremos cuándo viene. Pero si espera hasta saber cuándo estar alerta, será demasiado tarde para usted. Será como las vírgenes insensatas de las que vamos a leer en un momento. Ellas sabían qué iba a pasar, pero para cuando supieron *cuándo*, era muy tarde para prepararse. Esta es la única forma en que puedo resolverlo. No lo resuelvo teniendo una teoría de "dos venidas", porque no creo que sea bíblico. Lo resuelvo diciendo que hay dos grupos a los cuales vendrá: los que sabrán cuando es pero que han estado listos hace mucho tiempo y quienes ni siquiera se han alistado. A ellos vendrá como un ladrón, tanto sigilosamente como para robar.

Anteriormente, hicimos referencia a Mateo 23:37-24:51 (ver el capítulo 1). Ahora vamos a continuar leyendo desde el 25:1, teniendo en mente los versículos finales de nuestra cita anterior.

"El reino de los cielos será entonces como diez jóvenes solteras que tomaron sus lámparas y salieron a recibir al novio. Cinco de ellas eran insensatas y cinco prudentes. Las insensatas llevaron sus lámparas, pero no se abastecieron de aceite. En cambio, las prudentes llevaron vasijas de aceite junto con sus lámparas. Y, como el novio tardaba en llegar, a todas les dio sueño y se durmieron.

A medianoche se oyó un grito: '¡Ahí viene el novio! ¡Salgan a recibirlo!'.

Entonces todas las jóvenes se despertaron y se pusieron a preparar sus lámparas. Las insensatas dijeron a las prudentes: 'Dennos un poco de su aceite porque nuestras lámparas se están apagando'.

No —respondieron estas—, porque así no va a alcanzar ni para nosotras ni para ustedes. Es mejor que vayan a los que venden aceite, y compren para ustedes mismas.

Pero mientras iban a comprar el aceite llegó el novio, y las jóvenes que estaban preparadas entraron con él al banquete de bodas. Y se cerró la puerta.

Después llegaron también las otras. '¡Señor! ¡Señor! —*suplicaban*—. *¡Ábrenos la puerta!'.*

'¡No, no las conozco!', respondió él.

Por tanto —*agregó Jesús*—, *manténganse despiertos porque no saben ni el día ni la hora.*

El reino de los cielos será también como un hombre que, al emprender un viaje, llamó a sus siervos y les encargó sus bienes. A uno le dio cinco mil monedas de oro, a otro dos mil y a otro solo mil, a cada uno según su capacidad. Luego se fue de viaje. El que había recibido las cinco mil fue en seguida y negoció con ellas y ganó otras cinco mil. Así mismo, el que recibió dos mil ganó otras dos mil. Pero el que había recibido mil fue, cavó un hoyo en la tierra y escondió el dinero de su señor.

Después de mucho tiempo [esta es la tercera vez que aparece esta frase aquí, ¿no?] *volvió el señor de aquellos siervos y arregló cuentas con ellos. El que había recibido las cinco mil monedas llegó con las otras cinco mil. 'Señor —dijo—, usted me encargó cinco mil monedas. Mire, he ganado otras cinco mil'.*

Su señor le respondió: '¡Hiciste bien, siervo bueno y fiel! En lo poco has sido fiel; te pondré a cargo de mucho más. ¡Ven a compartir la felicidad de tu señor!'.

Llegó también el que recibió dos mil monedas. 'Señor —informó—, usted me encargó dos mil monedas. Mire, he ganado otras dos mil'. Su señor le respondió: '¡Hiciste bien, siervo bueno y fiel! Has sido fiel en lo poco; te pondré a cargo de mucho más. ¡Ven a compartir la felicidad de tu señor!'.

Después llegó el que había recibido solo mil monedas. 'Señor —explicó—, yo sabía que usted es un hombre duro, que cosecha donde no ha sembrado y recoge donde no ha esparcido. Así que tuve miedo, y fui y escondí su dinero en la tierra. Mire, aquí tiene lo que es suyo'.

Pero su señor le contestó: '¡Siervo malo y perezoso! ¿Así que sabías que cosecho donde no he sembrado y recojo donde no he esparcido? Pues debías haber depositado mi dinero en el banco, para que a mi regreso lo hubiera recibido con intereses.

LA SEPARACIÓN EN SU VENIDA

Quítenle las mil monedas y dénselas al que tiene las diez mil. Porque a todo el que tiene, se le dará más, y tendrá en abundancia. Al que no tiene se le quitará hasta lo que tiene. Y a ese siervo inútil échenlo afuera, a la oscuridad, donde habrá llanto y rechinar de dientes'.

Cuando el Hijo del hombre venga en su gloria, con todos sus ángeles, se sentará en su trono glorioso. Todas las naciones se reunirán delante de él, y él separará a unos de otros, como separa el pastor las ovejas de las cabras. Pondrá las ovejas a su derecha, y las cabras a su izquierda.

Entonces dirá el Rey a los que estén a su derecha: 'Vengan ustedes, a quienes mi Padre ha bendecido; reciban su herencia, el reino preparado para ustedes desde la creación del mundo. Porque tuve hambre, y ustedes me dieron de comer; tuve sed, y me dieron de beber; fui forastero, y me dieron alojamiento; necesité ropa, y me vistieron; estuve enfermo, y me atendieron; estuve en la cárcel, y me visitaron'.

Y le contestarán los justos: 'Señor, ¿cuándo te vimos hambriento y te alimentamos, o sediento y te dimos de beber? ¿Cuándo te vimos como forastero y te dimos alojamiento, o necesitado de ropa y te vestimos? ¿Cuándo te vimos enfermo o en la cárcel y te visitamos?'.

El Rey les responderá: 'Les aseguro que todo lo que hicieron por uno de mis hermanos, aun por el más pequeño, lo hicieron por mí'.

Luego dirá a los que estén a su izquierda: 'Apártense de mí, malditos, al fuego eterno preparado para el diablo y sus ángeles. Porque tuve hambre, y ustedes no me dieron nada de comer; tuve sed, y no me dieron nada de beber; fui forastero, y no me dieron alojamiento; necesité ropa, y no me vistieron; estuve enfermo y en la cárcel, y no me atendieron'.

Ellos también le contestarán: 'Señor, ¿cuándo te vimos hambriento o sediento, o como forastero, o necesitado de ropa, o enfermo, o en la cárcel, y no te ayudamos?'.

Él les responderá: 'Les aseguro que todo lo que no hicieron por el más pequeño de mis hermanos, tampoco lo hicieron por mí'.

Aquellos irán al castigo eterno, y los justos a la vida eterna".

Aquí hay un mensaje fuerte, un mensaje crítico, pero es un mensaje que creo que Dios quiere que escuchemos en este siglo XXI. Aquí hay cuatro historias que dicen todas lo mismo. El énfasis en las cuatro historias está en quienes no estaban listos y en lo que les pasó. Cada una de estas historias podría terminar con la frase "y vivieron infelices para siempre." No son historias bonitas. No terminan con todos los cabos sueltos atados y toda la gente en un lugar lindo o bueno, sino de la forma exactamente contraria.

Quiero recordarle que cuando Jesús contó las historias, las contó a doce hombres que habían estado con él por tres años. No estaba hablando a la multitud, no estaba hablando a no creyentes, no estaba hablando a líderes religiosos de los judíos. Estaba hablando a quienes lo habían seguido, habían comido con él, caminado con él y hablado con él. A ellos les cuenta estas cuatro historias terribles. Siguen inmediatamente a todo lo que hemos visto hasta ahora.

En lugar de hablar acerca de las cuatro historias separadamente, sentí que el Señor quería que hablara de ellas en conjunto, tomando seis características de las cuatro que son iguales, para que entienda el mensaje. Probablemente está familiarizado con las historias, habiéndolas estudiado por su cuenta, una por una.

La primera cosa que es común en las cuatro historias es que se centran en una persona, un hombre, ya sea el dueño de la casa en la primera, o el novio en la segunda, o el hombre de negocios en la tercera, o el rey en la cuarta. Y no hay ninguna duda de que Jesús está hablando de sí mismo bajo diversos títulos. Está diciendo: "Yo soy el que está a cargo de su casa, yo soy su novio, yo soy su contador, a quien dará cuentas, y soy tanto Rey como Pastor". Encuentro fascinante que combina pastor y rey en la cuarta historia, porque todos los grandes reyes de Israel fueron pastores primero. ¿Lo notó? El rey pastor es un concepto asombroso en Oriente Medio, porque en la escala social el pastor está en el fondo y el rey, en la cima. Solo Dios podría ponerlos juntos. Pero eso es lo que solía hacer. Envió a Moisés a ser un pastor antes de ponerlo en una posición de liderazgo sobre el pueblo. Puso a David en el campo antes de que fuera rey. Los mejores reyes estuvieron al fondo de la escalera antes de llegar a la cima. Esto también se cumple con Jesús. Él se humilló a hasta la muerte en la cruz. "Rey Pastor".

¿Ha notado que a lo largo de todo el discurso Jesús se refiere a sí mismo en la tercera persona singular? No dice "yo" sino siempre "él". No dice "Yo soy el Hijo de Dios" sino "ni el Hijo". O se refiere a sí mismo como "el Hijo de Hombre" o "el Rey". Nunca dice "cuando venga en mi gloria con los ángeles". ¿Por qué era tan reticente a hablar la verdad sobre sí mismo en la primera persona singular? Una de las marcas de un falso mesías es que dice "Yo soy el Cristo." Jesús advierte que esto es lo que los falsos mesías dirán. En cambio, Jesús deja que la gente lo averigüe por sí misma. Aquí hay otro asunto profundo: tenga cuidado con alguien que diga "yo soy un apóstol" o "yo soy un profeta" o yo soy esto o lo otro. Si un hombre tiene un don genuino de Dios, nunca necesita proclamarlo, sino que será reconocido por otros. Los falsos profetas y los falsos mesías son los que dicen "soy esto, soy lo otro". Jesús habla de sí mismo de un modo muy impersonal, diciendo "cuando el Cristo venga" o "cuando el Hijo del Hombre venga" o "cuando el Rey haga esto" o "cuando el Pastor haga aquello" o "cuando el dueño" o "cuando el novio". Él no dice "yo". Es muy interesante. Hay algunas cosas que sí asegura de sí mismo en el Evangelio de Juan: "Yo soy el pan de vida", "Yo soy la puerta", "Yo soy la resurrección y la vida". Pero ni uno de estos tiene que ver con una búsqueda de un cargo o estatus. Todos son funcionales. No reclama nada para sí. Sin embargo, todas estas historias se centran alrededor de esta persona que resuelve el destino eterno de todo el que se presenta delante de él.

Lo profundo de esto que debemos captar aquí, y que la gente necesita oír, es que un día será Jesús quien resuelva su destino eterno. Él ha sido designado para hacer eso. En los domingos muchas iglesias anglicanas[2] dicen: "de allí vendrá otra vez para juzgar a los vivos y a los muertos". Me pregunto si realmente lo creen. Jesús resolverá la pregunta sobre dónde usted pasará el resto de su existencia. Él es quien lo hace. Estas cuatro historias se centran en él, y él es quien, cuando venga, dividirá a la gente en dos grupos, y solo dos: los que están listos y los que no. Es muy llamativo que esta es la única separación que hace en estas cuatro historias. No se mete en todos los detalles de la vida; solo pregunta si estuvimos listos o no. Porque, de hecho, la prueba de si nuestra fe es real o no es si estamos listos. Fe y fidelidad son la misma cosa en la Biblia. La fe no es un paso que uno da una noche en una cruzada evangelística. La fe es una vida que vivimos y un caminar que continúa hasta que muramos. La fe no es algo aislado, sino algo continuo. Dura desde el primer momento que cree hasta el momento que muere, si es una fe real. Se convierte en fidelidad. Pablo no dijo: "En cierta ocasión, en el camino a Damasco, creí en Jesús. Por lo tanto, voy al cielo". No, él hubiera dicho: "La vida que

---

[2] Nota para el lector: La Iglesia anglicana es la Iglesia oficial de Inglaterra que dio inicio en el siglo XVI.

vivo, la vivo por fe en el Hijo de Dios". Y al final del camino, dijo: "He peleado la batalla, he guardado la fe". La única fe que salva es la fe que tenemos al final del camino. Esa es la lección de estas cuatro historias: es la fe fiel, "bien hecho, buen siervo y fiel. Creíste en mí lo suficiente como para estar listo". Estamos sacando algunas cosas sorprendentes de estas cuatro historias.

La segunda cosa que es común de las cuatro historias es esto, que ya he mencionado. En cada historia una crisis es precipitada por el regreso de la figura central después de un largo tiempo. Hay quienes han dicho que Jesús pensaba que iba a regresar muy pronto, y hay quienes dicen que los discípulos pensaban eso. Pero, de hecho, la enseñanza de Jesús era clara. En cada historia, incluye la frase, "después de un largo tiempo". Él sabía que el tiempo largo sería la prueba verdadera de si alguien está listo. Si usted le anuncia a su ciudad que Jesús regresa el próximo jueves, podría producir una reacción de pánico bastante rápido, pero eso no le dirá que las personas están listas. La gente que en verdad esta lista puede hacerle frente a una larga espera. Demasiado frecuentemente hemos usado la frase "Él podría regresar el próximo jueves" para tratar de que la gente se aliste. Esa es una motivación falsa y no produce gente que esté lista, porque si él no viene el siguiente jueves estarán más desprevenidos que nunca la semana siguiente. La gente que de verdad está lista está preparada si viene mañana o en mil años. Aún estarían listos. Es su venida la que produce la crisis, y divide a la gente en esos dos grupos.

Vayamos al tercer punto. En todas estas historias algunas personas estaban listas, y nos podemos preguntar, ¿*cómo* estaban listas? Cada una de las cuatro historias nos dicen algo diferente aquí, pero las podemos juntar todas. En la primera historia, el hombre estaba listo porque había llevado a cabo el trabajo que se le había encargado. Esa es la primera forma en la que él estaba listo. Hay un viejo *negro spiritual* que me encanta, que dice así:

> *Hay un rey y capitán elevado*
> *Y vendrá aún no sé cuándo,*
> *Y me hallará sachando algodón.*
> *Sus legiones en las regiones*
> *Del cielo oiremos cargando*
> *Y me hallará sachando algodón.*
>
> *Hay un hombre que a un lado dejaron*
> *Y murió después que lo torturaron*
> *Y me hallará sachando algodón.*
>
> *Fue odiado y rechazado,*
> *Despreciado y crucificado,*
> *Y me hallará sachando algodón.*
> *Cuando venga, cuando venga,*
> *Coronado por santos y ángeles*
> *Será cuando venga.*
> *Gritando estarán: "¡Hosanna!"*
> *Al hombre que los hombres negaron,*
> *Y yo me arrodillaré entre mi algodón.*

En otras palabras, ¡seguiré con el trabajo! Hubo cristianos que se quedaron tan absorbidos por tan la Segunda Venida que dejaron sus trabajos. He tenido que aconsejar a algunos que decían: "el Señor está tan cerca que solo quiero seguir con esto". Estaban en pánico. "Y me hallará sachando algodón". Si no puede entender lo que estoy diciendo, tal vez nunca vea el propósito de Dios en su trabajo diario. Lo mejor que puede hacer para alistarse para su segunda venida es continuar con el trabajo que él le dijo que hiciera, ya sea que el trabajo es ser un líder de la iglesia, un carnicero o un ama de casa, o trabajar en una fábrica. "Dichoso el siervo cuando su Señor, al regresar, lo encuentra cumpliendo con su deber".

En la segunda historia ellas estaban listas porque habían acumulado suficientes recursos para el futuro como para continuar por algún tiempo. Hay algunos cristianos que se apasionan con cualquier proyecto a corto plazo. Lo último en la obra misionera es viajar al exterior por un tiempo corto. Un querido misionero anciano estaba hablando acerca del cambio en la obra misionera. Alguien le preguntó: "¿Cuál es el cambio más grande en la obra misionera desde que usted empezó hasta el día de hoy?". Su respuesta fue: "Se lo diré. Nosotros íbamos para quedarnos".

Seguir adelante significa desarrollar recursos, no gastarlos. Las cinco vírgenes sabias habían desarrollado sus recursos para que aunque hubiera una larga espera, pudieran continuar. El hecho simple es que ellas sabían que necesitarían sus lámparas dentro de la boda, así como después de que el novio viniera. Ese es el punto de la historia, ya que no tenían electricidad en aquellos días, y cuando uno iba a una boda todos traían una lámpara para alumbrar toda la boda, y ayudar con la celebración. Por lo tanto, ellas no solo necesitaban esas lámparas mientras estaban en la calle, sino que las necesitaban después que el novio viniera. Ellas desarrollaron sus recursos para hacer algo para el novio después de su venida. Las otras, sin embargo, solo estaban esperando al novio. No estaban desarrollando ningún recurso, así no podían hacer nada luego que viniera. No estaban listas. La recompensa por servir a Dios fielmente no es un gran y cómodo sofá en el cielo bordado con la frase RIP (descansa en paz), sino más trabajo, servir. Y los que están listos son quienes han desarrollado sus recursos para lo que pasa después de que el novio haya venido.

La tercera historia nos dice que, si Dios ha invertido algo en nosotros, espera un interés. Espera que usted multiplique su don. Y si usted usa su don, se multiplicará. Si un predicador usa su don, otros serán inspirados para predicar. Si una cantante usa su don, otros serán inspirados para cantar. Cualquier don que usted use, inspirará a otros a usar el de ellos también, y así lo multiplicará. ¿No es interesante que fue el hombre con un talento que tuvo la actitud de que no tenía sentido hacer mucho con su pequeño don cuando todos a su alrededor tenían muchos más? Así que lo enterró. Él no estuvo listo. Quienes están listos son los que aumentan la inversión que Dios ha puesto en ellos.

La cuarta cosa es que los que están listos son los que están atendiendo las necesidades de los hermanos de Cristo. Y sus hermanos no son el prójimo —esa es una interpretación demasiado amplia— ni tampoco es la nación judía, porque esa es una interpretación demasiado estrecha. Yo creo que la palabra "hermanos" siempre significó lo mismo que cuando Jesús la usó. "Vayan a decirles a mis hermanos", "Todo el que hace la voluntad de mi Padre es mi hermano". En otras palabras, hacer algo por un creyente es en realidad hacer algo por Jesús.

Un predicador famoso fue a visitar y predicar en Yorkshire, y se hospedó con una familia adinerada. Una sirvienta en la cocina fue enviada al carnicero a traer un trozo de carne para el fin de semana. Le dijo al carnicero: "¡Qué revuelo están haciendo por este pastor! ¡Las cosas que tenemos que hacer para prepararnos para él! Uno pensaría que Jesucristo mismo es el que viene, con la bulla que están haciendo". Una semana después fue al carnicero, quien le recordó sus palabras. Le dijo: "Entonces, ¿Jesús vino y se hospedó en su casa?". Ella respondió: "Sí". Había sido guiada al Señor por el predicador ese fin de semana, y sabía que al servirlo a él estaba sirviendo a Jesús. Si usted le da un vaso de agua fría a otro cristiano, le ha dado a Jesús de beber. ¡Que concepto increíble! Quienes están listos son aquellos que se dan cuenta de que servir a un hermano de Jesús es servirlo a él. Reírse de un hermano de Jesús es reírse de Jesús. Burlarse de un hermano cristiano es burlarse de Jesús. "Todo lo que hagan al más pequeño...".

Estas cuatro historias tienen en común de que los que están listos son recompensados. Pero la recompensa es algo diferente a lo que esperaríamos. En la primera historia, la recompensa por ser fiel es una responsabilidad mayor. Si usted hace un buen trabajo en la iglesia entonces va a recibir más trabajos. Nunca se sorprenda por esto, porque esta es la recompensa de Jesús. Nosotros pensamos: "Solo porque hice esto bien, ahora todos me están exigiendo". Pero esa es la recompensa. Lo cual significa que la recompensa no es algo distinto a lo que usted haya hecho, no es como una cucharada de mermelada después de haber tragado una pastilla. Por lo tanto, si usted no disfruta de servir al Señor, mejor tenga cuidado porque no tendrá una recompensa. ¿Me entiende? La recompensa no es descanso, sino más trabajo.

Por supuesto, el mundo piensa de diferente manera. El mundo dice: "He trabajado cuarenta años en esta fábrica. Merezco una buena jubilación ahora". Jesús no ofrece una jubilación como una recompensa, sino un ascenso. Un científico trabajó en un laboratorio por años —era un laboratorio muy incómodo; en realidad, era una caseta— pero logró descubrir una respuesta médica para una enfermedad que había afectado al mundo mucho. Entonces el mundo se juntó —o al menos aquellos que sabían sobre esto— para recompensarlo y pensaron: "Y ahora ¿con qué podemos recompensarlo?". Le construyeron un laboratorio nuevo. Esa fue su recompensa. Esa es la clase de recompensa que Jesús da. En la segunda historia hay una oportunidad para celebrar, para entrar en una celebración llena de alegría. Esa es la recompensa. En la tercera historia, es la primera y la segunda juntas, es ascenso y entrada en el gozo. Y en la cuarta historia, es reinar con Cristo sobre un trono, es entrar en un reino preparado. Me encanta esa palabra "preparado", porque Jesús está enseñando aquí: "Si ustedes se han preparado para mí, yo he preparado para ustedes". "Voy a preparar un lugar para ustedes". ¿Se está preparando usted para el cielo tanto como Jesús está preparando el cielo para usted? Hay dos lados en la preparación.

Hay una cosa más que estas historias tienen en común, y aquí nos estamos acercando al núcleo de esta sección. En cada una de las cuatro historias, algunos no estaban listos. El punto entero de estas historias es que algunos no estaban listos, y la sorpresa que tuve cuando pregunté en qué sentido no estaban listos fue esto: ellos no estaban listos porque no habían hecho ciertas cosas. No eran criminales, no estaban llenos de vicios, no había un asesino o un adúltero entre ellos. De hecho, ninguno de ellos es acusado de un solo vicio, un solo crimen o un solo pecado. Solamente son acusados de no haber hecho algo. Esto es una sorpresa. De nuevo, en algunos edificios de la Iglesia de Inglaterra los domingos la gente recita la Confesión General y dice: "hemos dejado incompletas aquellas cosas que debimos haber hecho". ¿Sabía usted que un hombre se puede ir al infierno no por las cosas que ha hecho sino por lo que no hizo? La defensa común contra la acusación es: "Bueno, nunca le he hecho daño a nadie", pero ésta no es una alegación de defensa válida, porque Dios puede responder: "Pero tampoco hiciste bien a nadie". No hacer daño a nadie es inadecuado. "Te di vida, te di talentos, te di oportunidades, y no hiciste nada con ellos". Esta es la sorpresa de las cuatro historias. Recuerde que Jesús está hablando a sus discípulos, advirtiéndoles del peligro de no hacer nada. De hecho, para ir al infierno, eso es todo lo que necesita hacer: nada. Esa es la enseñanza de Jesús.

En el primer caso, a un hombre se le había asignado dar de comer a otros sirvientes y no les había dado de comer. En el segundo caso, ellas tenían que tener suficiente aceite para alumbrar la boda, y no tenían suficiente. En el tercer caso, el hombre con un talento no lo había mejorado. No lo había gastado para sí, no había salido y robado el dinero de su señor para su disfrute. Simplemente no había hecho nada con lo que recibió. En el cuarto caso ("nunca me visitaste, nunca me vestiste, nunca me diste de beber") mostraron sus intenciones por el tono de sus respuestas. "Oh, Señor, si tan solo nos hubiéramos dado cuenta de que era usted". ¡Qué esnobismo social encontramos en esa implicación! En otras palabras, "Oh, pensamos que era una persona sin importancia. Si hubiéramos sabido que era usted, si hubiéramos sabido que era importante, lo hubiéramos hecho". ¿No es espantoso? Los pecados de desatención, los que son llamados pecados de omisión, de los que Jesús está hablando aquí. No las cosas malas que hemos hecho, sino las cosas buenas que no hemos hecho. Esta es una palabra seria.

La última cosa que hay en estas cuatro historias es esto: los que no están listos son castigados. No son perdonados, ni uno solo. No se les da una segunda oportunidad, ni a uno de ellos. El hecho simple es que cuando el Señor venga otra vez, las oportunidades se habrán terminado. La puerta se habrá cerrado; no hay apelación, la decisión es final. Desde hace unos años encuentro que me cuesta cada vez más meterme en la Navidad. Me encuentro rehusando predicar en Navidad. Simplemente no encuentro la motivación suficiente para hacerlo. La razón para este cambio es que, si lo hiciera, quisiera predicar sobre la Segunda Venida del Señor. Eso es lo que la gente necesita oír. Una iglesia sabia ha puesto el Adviento justo antes de Navidad, porque quienes guardan el Adviento predican la Segunda Venida de Cristo justo antes de Navidad. Al mundo no le importa un bebé en un pesebre, porque piensan que el bebé no los va a juzgar. Al mundo no le importa la Primera Venida del Señor, porque fue para perdón, misericordia y salvación. Al mundo le encanta la Primera Venida y odia la Segunda Venida. Por lo tanto, el mundo celebrará su Primer Venida hasta la última Navidad, pero no celebrarán su Segunda Venida, porque él no viene a salvar al mundo otra vez. "Desde allí ha de venir para *juzgar* a los vivos y a los muertos". Y no es muy agradable que le digan que va a ser juzgado por lo que no ha hecho. El mundo nunca va a celebrar eso, pero su Segunda Venida es tan cierta como su Primera Venida. Por otro lado, noté que uno no necesita mucha fe para creer que él va a venir una segunda vez cuando ya ha venido una vez. Es mucho más fácil creer que va a venir otra vez, ¿no lo cree?

Ahora mire al castigo que fue infligido a los que no estaban listos. Cortados en pedazos, llanto y rechinar de dientes, atrapadas afuera, en la oscuridad exterior, llanto y rechinar de dientes otra vez, malditos, fuego eterno, castigo eterno. Me cuesta ignorar esas palabras de Jesús. Me sorprende que la única persona en la Biblia entera a la cual Dios pudo confiar con la verdad sobre el infierno fue Jesús. No pudo confiar en ningún apóstol con la verdad, no pudo confiar en ningún profeta con la verdad. Toda mi enseñanza sobre el infierno viene de Jesús, como si la única persona que pudiera advertir a la gente sobre el infierno sería la que daría su propia sangre para salvar a la gente de él. Aquí tenemos la verdad profunda hablada, y tenemos que enfrentar estas palabras serias que Jesús nos está dando: los discípulos que no están listos van al infierno. Es a discípulos a quienes está hablando, y los discípulos que no están listos van al infierno. No hay rastros aquí de purgatorio, no hay rastros aquí de estar "discapacitado" en la vida futura. Solo está el lenguaje que Jesús reservó para el infierno, que es un lugar del sufrimiento más horrible: llanto y rechinar de dientes. Yo solía pensar que esto era remordimiento, pero ahora me doy cuenta de que también es ira, y que el infierno estará lleno de gente despotricando y agitando sus puños contra Dios por enviarlos allí. A mí no me gustaría estar rodeado por un montón de personas furiosas que están enojadas con Dios por enviarlas allí. Llanto y crujir de dientes, oscuridad exterior; es terrible.

No creo que la gente dentro de la iglesia siempre se da cuenta —la gente afuera de la iglesia ciertamente no se da cuenta— a quien Jesús le está hablando o qué está diciendo. Por lo que finalmente tenemos que enfrentar la verdad muy honestamente sobre lo que Jesús está diciendo. Estos no son incrédulos completos, estas no son personas paganas en alguna isla distante. Estos son doce hombres que compartieron su ministerio por tres años. Estos son doce hombres que habían enseñado, predicado y sanado en el nombre de Jesús. Y en cada una de las historias, las personas que son rechazadas finalmente son las que han tenido una conexión con la figura central en la historia. En la primera historia es un sirviente del dueño de la casa quien es enviado al infierno. En la segunda historia son cinco de las vírgenes, las damas de honor, esperando la boda, alertas a la llegada del novio. En la tercera historia es un hombre que recibió un talento del hombre de negocios antes de salir de viaje. Y en la cuarta historia, las cabras han estado en el rebaño del único pastor. Este es el reto de estas cuatro historias. Usted puede estar muy cerca de Jesús y aun no estar listo. Y ahora estoy muy cerca de la carga que el Señor me dio para usted en este libro. No estamos hablando de la gente allá afuera en nuestras respectivas ciudades y el peligro en el cual están ahora, sino del peligro en el cual estamos cada uno de nosotros como cristianos.

Entonces, ¿cómo podemos estar listos? ¿Qué andaba mal con los que no estaban listos? ¿Cuál fue la raíz de su falla? ¿Por qué no lo lograron? La respuesta tiene dos lados. Primero, su relación con el Señor era inadecuada. Ellos no lo conocían a él, pero el sí los conocía perfectamente. Ellos pensaban que lo conocían, pero no era así. Piense en el hombre con un talento. Vino y dijo: "Oh Señor, yo sabía que usted es un hombre duro. Usted hace su dinero por medio del trabajo de otra gente". Un típico hombre al que no le gusta trabajar para otros. Ha escuchado a gente hablar así, ¿no? Parece un delegado sindical que está hablando aquí. Está diciendo: "Usted es un hombre duro, y yo temía que si tomaba el riesgo y perdía su dinero se iba a enojar muchísimo. Por lo tanto, no tomé ningún riesgo porque lo conozco. Yo sé cómo es usted. Usted es un amo duro. Solo le interesa ganar dinero". Pero él no conocía al amo. El amo quería compartir su felicidad, el amo quería dar talentos, y así darle a la gente más responsabilidad. El amo quería compartir todo lo que tenía con sus sirvientes. Esa era la clase de hombre que era. Pero este hombre que enterró su talento dijo: "Oh, yo lo conozco". No lo conocía en absoluto. ¿Lo entiende? Si estamos sirviendo al Señor porque pensamos que es duro y porque nos empuja y nos obliga a hacerlo, en realidad no lo conocemos. Él lo está haciendo para que pueda compartir más responsabilidad con usted, para que pueda decir: "Hiciste bien, siervo bueno y fiel ¡Ven a compartir la felicidad de tu Señor!". Lo hace por esto, no porque es duro y quiera controlarlo, sino porque quiere compartir su gozo. Es que usted no conoce a Dios a menos que entienda su carácter. Si sabe cómo es en realidad, convertirá sus diez talentos en diez más, sus cinco en cinco más, sus dos en dos más, y aún su pequeño talento en uno más. Pero ellos no lo conocían. De hecho, el novio dice a esas cinco novias insensatas: "No las conozco".

La segunda cosa que estaba mal con aquellos que no estaban listos es esto: no solo su relación con Cristo el Señor era inadecuada, sino su relación con sus hermanos también era inadecuada. No solamente él no los reconoció ("no las conozco"), sino que ellos no lo habían reconocido.

Preguntaban cuándo lo habían visto, y él les pudo decir que lo habían visto muchísimas veces, porque cuando usted se junta con sus hermanos cristianos usted ha visto al Señor Jesús. Solo necesita mirar a su alrededor y lo habrá visto, y entonces podría darle una comida. ¿Lo reconoce usted? Si no lo reconoce en cada uno de sus hermanos, no se atreva a tomar del pan en la Santa Cena, porque si no puede discernir el cuerpo, no debería comer ese pan. Podría enfermarse y aun morir.

Cuando mira a su alrededor, ¿puede discernir a Jesús? ¿Lo reconoce? ¿Lo conoce en los demás cristianos? En otras palabras, los que están listos son los que tienen una buena relación con el Señor y una buena relación con sus hermanos. Eso es todo. De ahí surge todo lo demás. De allí surgirá un deseo de multiplicar los talentos. De allí surgirá un deseo de desarrollar recursos. De allí surgirá una fiel alimentación de su casa. De allí surgirá el servicio y la satisfacción de las necesidades. Todo surgirá de esas dos cosas.

Mientras preparaba este mensaje, mi carga era esta: ¿cuántos en nuestras iglesias están simplemente subsistiendo, simplemente compañeros de viaje que solo han venido por la celebración porque es grande, ruidosa y emocionante, y simplemente van detrás de las comunidades? Le digo que bajo presión lo descubriríamos pronto. Sentí que el Señor estaba diciendo: "No asumas que porque estas cantando sobre mi venida, estás listo. No asumas que porque te has unido al rebaño eres una oveja. No asumas que porque estás entre las vírgenes esperando el novio que eres una de las vírgenes prudentes. No asumas que porque estás escuchando a otros usar su talento que estás usando tu talento. No asumas nada, sino conoce a tu Señor y conoce a sus hermanos. Reconócelo en cada uno y prepárate".

Algunos lectores me preguntarán: "¿Usted cree en 'una vez salvo, siempre salvo'?". Yo predico sobre las palabras de

Jesús. Usted debe tomar las palabras de Jesús como son, y creo que es posible ser un discípulo e ir al infierno. ¿Mi prueba? De doce hombres, hubo uno que no lo logró, que escuchó estas palabras, que había salido a predicar y sanar en el nombre de Jesús, que había dejado todo para seguirlo, que era parte del cuerpo interno de los doce, y escuchó estas historias. Era el tesorero, y no conocía a Jesús lo suficientemente bien para darse cuenta de que Jesús sabía que estaba haciendo trampa. Fue infiel en cuidar el dinero de la iglesia. El primer tesorero de la iglesia fue corrupto. Jesús, estoy muy seguro, mientras contó estas cuatro historias, miraba a Judas, preguntándose si estaría listo. Pero Judas no lo estaba. Fue y se ahorcó. Dice que fue al lugar que le correspondía. Él es el único de los discípulos que no espero ver en el cielo. Pero entonces, aún al decir eso, estoy siendo presuntuoso.

Así que les traigo una palabra aleccionadora en este libro, una palabra que desafiará toda clase de ideas tradicionales, desafiará toda clase de autocomplacencia. Podemos transformar nuestra complacencia en doctrina. Podemos decir: "Está bien, tengo mi boleto a la gloria". Podemos decir: "Está bien, todos los cristianos van a ser arrebatados antes de la gran aflicción". Podemos convertir todas nuestras esperanzas humanas en doctrinas, pero yo me rijo por las palabras de Jesús, y tomo las palabras de Jesús al pie de la letra. Jesús quiere discípulos en la ciudad de usted y en mi ciudad que estarán listos, que saben lo que viene, pero que se están preparando ahora, para que cuando él venga no sea demasiado tarde. Usted no tendrá tiempo para construir un arca en ese momento.

Un querido anciano escocés que estaba a punto de morir y que fue visitado por el pastor para prepararlo para su muerte, dijo: "No necesita venir. Arreglé el techo de mi casa cuando había buen clima". El no necesitaba que un pastor lo visitara mientras yacía moribundo.

LA SEPARACIÓN EN SU VENIDA

Esta es una frase última de San Agustín: "El que ama la venida del Señor no es el que afirma que está muy lejos ni el que dice que está cerca, sino más bien el que, ya sea que esté lejos o cerca, la espera con una fe sincera, una esperanza firme y un amor ferviente". Léalo nuevamente, y absórbalo.

Epílogo

En 2011 di una charla en "Filling Station" en el club de rugby de Henley-on-Thames. El fundador de estos eventos mensuales sugirió que diera una enseñanza sobre la Segunda Venida, así que le dije que explicaría los capítulos 24 y 25 del Evangelio de Mateo que contienen casi todo lo que Jesús mismo dijo acerca de su regreso a la tierra. Di dos charlas de cincuenta minutos, cubriendo dos temas principales.

"Las señales de su venida" fue mi título para la primera, de las cuales hay cuatro: desastres en el mundo, desarrollo en la iglesia, aflicción en Jerusalén y oscuridad en el cielo. Jesús acompañó cada una de ellas con una advertencia de engaño, añadiendo sus propios consejos sobre la respuesta de sus discípulos.

"La separación en su venida" fue mi título para la segunda, cubriendo las cuatro parábolas de los dos sirvientes, las diez vírgenes, los talentos, las ovejas y cabras. En cada caso hubo una división permanente entre los que estaban listos para el regreso de su Señor y Amo y los que no lo estaban. Los primeros habían hecho lo que él esperaba que hicieran durante su ausencia y fueron recompensados con gozo y mayor responsabilidad. Los que no estaban listos no habían cumplido con su deber y fueron castigados al ser dejados afuera en la oscuridad con "llanto y rechinar de dientes".

Mi conclusión fue que "LOS CREYENTES PUEDEN TERMINAR EN EL INFIERNO", que los que han sido justificados por la fe serán juzgados por obras (cité 2

Corintios 5:10). Esto sorprendió e incluso conmocionó a algunos de mis oyentes, dejando a otros perturbados sobre su relación con el Señor. Era claramente un pensamiento completamente nuevo para ellos. Sin embargo, esta fue la clara implicación de la propia enseñanza de Jesús sobre el pasaje delante de nosotros, especialmente dos aspectos:

1. ¿A QUIÉNES estaba hablando Jesús? Esto no fue uno de sus discursos públicos dado a un público mixto de creyentes y no creyentes. Fue solo para los oídos de sus doce discípulos, a quienes estaba entrenando para ser sus apóstoles. Lo habían dejado todo para seguirle, creyeron en su nombre y habían nacido de Dios (Juan 1:12-13). Fue a ellos que les dijo: "*ustedes* deben estar listos" (24:44). No dijo: "Ustedes están listos porque creen en mí", o "díganles a otros que se preparen creyendo en mí", sino "*ustedes* deben estar listos", con la clara inferencia de que cualquiera de ellos podría no estarlo, como resultó ser el caso de uno de ellos (Judas).

2. ¿De QUÉ estaba hablando Jesús? La primera respuesta es: de sí mismo. Él es el amo, el novio, el inversionista y el pastor. Pero el punto vital es que *ambos*, los preparados y los no preparados, están directamente relacionados con él. Él los llama sus "sirvientes"; ellos lo llaman "Señor". Los que están listos para su regreso no son calificados por su fe, sino por su fidelidad ("Bien *hecho*, siervo bueno y *fiel*"). Los que no están listos no son descalificados por su falta de fe, ni siquiera por cosas malas que hayan hecho, sino por cosas buenas que no hicieron.

Por estas razones creo que mi conclusión es la única que se puede extraer de la enseñanza de Jesús aquí. ¿Por qué, entonces, otros tienen dificultades para aceptarla? Una posibilidad es que nunca hayan estudiado esta parte de la Palabra de Dios atenta y cuidadosamente. La explicación más probable es que no pueden leerlo con una mente abierta. Vienen con un entendimiento pre-juzgado (el significado

EPÍLOGO

original de prejuicio), habiendo sido enseñados que un cristiano no solo es salvo, sino que está a salvo por toda la eternidad desde el primer momento que cree. Por lo tanto, es lógicamente imposible ser rechazado cuando Cristo regrese. Los que no están listos deben ser no creyentes, a pesar de lo que se dice de ellos. Y los que están listos, son simplemente creyentes, ¡a pesar de lo que se diga de ellos también! Todo el discurso se convierte en un llamado del "evangelio" para los no salvos.

Esta creencia en la "seguridad eterna" es uno de los cinco principios clave del "calvinismo" y ampliamente enseñado por pastores y evangelistas con una teología "reformada", que asumen que esa es la posición general sostenida en todas las otras escrituras, y por lo tanto que debe ser inferido en Mateo 24/25. Pero hay más de ochenta pasajes solo en el Nuevo Testamento advirtiéndonos que no perdamos nuestra salvación. Hago referencia a muchos de ellos en mi libro *Una vez salvo, ¿siempre salvo?* Mientras tanto, le sugiero que preste cuidadosa atención a las siguientes escrituras: Marcos 4:16-17, Juan 15:5-6, Romanos 11:19-22, 2 Pedro 2:20-22 y Apocalipsis 21:7-8.

Finalmente, no crea nada de lo que digo, o en nadie más, dado el caso, sin antes verificar lo que decimos con la Biblia. Si no lo puede encontrar por sí mismo en la Biblia, olvídelo. Si lo encuentra allí, hágalo (Santiago 1:22-25).

Una de mis pesadillas constantes es que mi cerebro hace un *post mortem* de cada charla que doy. Aun cuando he hablado en detalle y he cubierto muchísimo contenido, me recuerda lo que debí haber dicho, pero no lo dije. El único bálsamo para mi conciencia es que hubiera llevado más tiempo para mis oyentes si hubiese incluido todo lo que debía. ¡A veces son otros los que me recuerdan al hacerme una pregunta sobre lo que no dije! Como en el caso siguiente:

En mi segunda charla, seguí los hilos que recorren las tres

secciones de Mateo 25 (diez vírgenes 1-13; talentos 14-30; ovejas y cabras 31-46). Entre ellos están: Jesús regresando como juez, recompensando a todos los que han hecho lo que debían y castigando a aquellos que no lo hicieron. Sin embargo, existen algunas diferencias importantes cuando llegamos a la tercera sección, a lo cual debería haber llamado su atención.

Las primeras dos son claramente parábolas, historias que recogen verdades sobre el Reino de los cielos (note "será como" en los versículos 1 y 14). La separación ocurre entre los que han entrado en el Reino, que esperan con ansias el arribo del novio y que han recibido talentos para ser usados en su servicio. Pero la "red" del Reino recogerá "peces de toda clase", buenos y malos, que los ángeles separarán en el fin del mundo (Mateo 13:47-50). Peces buenos y malos, vírgenes sabias e insensatas, usadores y enterradores de talentos, todos *dentro* del reino, pero después echados afuera a la oscuridad, arrojados al fuego con llanto y rechinar de dientes (es decir, al infierno).

Pero hay unos algunos cambios importantes cuando llegamos a "las ovejas y las cabras". Esta sección no es una parábola, no es una historia, sino un hecho, una predicción detallada de un evento futuro, una profecía directa.

Los pastores separaban un rebaño mixto de ovejas (usualmente blancas) y cabras (usualmente negras) al final del día, y llevaban a las ovejas, que son más vulnerables, en un redil durante la noche y dejaban a las cabras, que son más resistentes, afuera para defenderse solas. Es un símil adecuado para la separación final, que queda atrás rápidamente, y el resto es sobre personas. Pero ¿quiénes son las personas?

Este es el cambio grande. Hasta este momento, la separación ha sido entre los que están *en* el Reino de los cielos. Ahora es entre todos los demás. "Todas las naciones" no se refiere a estados políticos, sino a todos los grupos

EPÍLOGO

"étnicos" de diferentes idiomas, culturas y color. Sin duda es una referencia al Día del Juicio ante el "gran trono blanco" (Apocalipsis 20:11-12) desde donde Jesús determinará el destino final de todos (Hechos 17:31).

Así como ocurre con los que están dentro del Reino, el juicio está basado en obras, acciones. Los aceptados, por lo que han hecho y los rechazados, por lo que no han hecho, en este caso, al "más pequeño de mis hermanos". ¿Quiénes son? Decir que son sus compatriotas judíos parece ser demasiado estrecho, o que son los prójimos de él y de nosotros (como muchos dicen hoy en día) parece demasiado amplio. Jesús normalmente usaba esta palabra para referirse a sus propios seguidores (Mateo 12:49; 28:10).

Aquí hay un principio profundo: la compasión práctica hacia los cristianos que están sufriendo es servir a Jesús mismo. Ellos son el cuerpo de Cristo en la tierra, y en ellos habita el Espíritu de Dios. De la misma manera, ignorarlos o herirlos es hacer lo mismo a él (como descubrió Saulo de Tarso, Hechos 9:5). En el corazón de la gran división esta nuestra actitud hacia Jesús mismo, expresada en lo que hemos o no hemos hecho por sus discípulos.

Por supuesto, este no será el único criterio. Otros pasajes nos recuerdan que serán abiertos libros, en los cuales están registrados no solo todos nuestros hechos sino también nuestras palabras (Mateo 12:36), incluso nuestros pensamientos y sentimientos (Mateo 5:21-30).

Todo está descripto en mayor detalle que en las parábolas previas. Es el "Hijo del Hombre" (el título favorito de Jesús para sí mismo) quien regresa en "su gloria" y con "todos sus ángeles" para "sentarse en su trono". Él separa a todos en solo dos grupos, uno situado a su derecha (la posición de honor) y el otro a su izquierda (la posición de deshonra) *antes* de decirles por qué. La respuesta de ellos a su explicación es intrigante. Ambos lo llaman "Señor" (todos lo harán para entonces, Filipenses 2:11). Ninguno había estado consciente de la importancia de su conducta; no había sido calculado, sino espontáneo.

También, las palabras son más fuertes. Un grupo es "bendecido"; el otro, "maldito". Uno es invitado a "venir"; al otro se le ordena a "apartarse". Uno hereda el Reino "preparado" para ellos desde el principio de los tiempos por el Padre; los otros son arrojados al fuego "preparado" para el diablo y sus ángeles (los demonios), para quedarse allí para siempre.

Para resumir el capítulo 25, las vírgenes y los talentos nos dicen que el juicio empezará con la familia de Dios, pero las ovejas y las cabras nos dicen que no terminará allí, sino que separará a toda la raza humana (lea 1 Pedro 4:17-18).

Oración

Padre, tiemblo en tu presencia ante esta palabra, porque sé que se aplica a cada uno de nosotros, y que tú le estás hablando a tus discípulos en este tiempo, diciéndonos que usemos este tiempo para prepararnos, para que cuando vengas nos encuentres haciendo el trabajo que nos asignaste. Y, Señor, oro especialmente que mi conocimiento de ti —y de otros cristianos— se haga más profundo, para que de esa relación íntima pueda fluir una disposición para servir, una disposición para mejorar mis talentos, una disposición para estar completamente involucrado y completamente comprometido. Lo pido en el nombre de Jesús. *Amén*.

www.ingramcontent.com/pod-product-compliance
Lightning Source LLC
LaVergne TN
LVHW011740060526
838200LV00051B/3277